쑥쑥

주니어 일본어

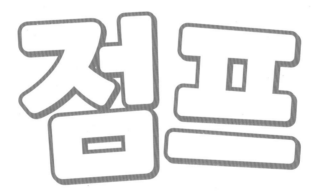

조강희 • 가와노나츠코 공저 | 개정판

JPLUS
Language Publishing Co.

머리말

　이 책은 일상생활에서 주니어들이 자주 쓰는 표현을 중심으로 일본어의 기초를 완벽하게 다지는 교재입니다. 「New 쑥쑥 주니어 일본어」를 베이스로 하고 있지만, 다른 초급 교재를 사용한 학습자도 계속 학습할 수 있도록 구성되어 있습니다.

이 책의 특징은 다음과 같습니다.

1 주니어를 위한 내용

일본 중학생 소라와 소라의 집으로 홈스테이하러 온 한국 고등학생 지훈과의 대화를 통하여 실용적인 일본어를 즐겁게 배울 수 있습니다.

2 네 가지 능력을 강화

회화본문, 포인트, 연습문제, 교실활동, 듣기로 읽기·쓰기·말하기·듣기의 네 가지 능력을 골고루 향상시킬 수 있습니다.

3 그림, 게임

게임과 연습 활동을 통하여 즐겁게 일본어를 접할 수 있으며, 또한 내용에 어울리는 사진과 삽화를 풍부하게 배치하여 학습자가 쉽게 이해할 수 있도록 하였습니다.

4 문화

'문화'에서는 본문과 관련한 일본의 문화와 습관, 정보 등을 사진이나 데이터로 구성하여 쉽게 이해할 수 있도록 하였습니다.

　여러분들도 이 책의 주인공이 일본에서 생활하는 것처럼, 실제 사용하면서 즐겁게 일본어를 공부해보세요. 상황에 맞는 자연스러운 일본어를 바르고 정확하게 배우고 더 나은 수준으로 실력향상이 되는 데 이 책이 좋은 길잡이가 되었으면 합니다.

조 강희
가와노 나츠코

이 책의 구성

🐱 본문대화

주인공 한지훈이 일본에 있는 소라의 집에 가서 일어나는 이야기를 대화로 엮은 것입니다. 음원의 발음을 듣고 따라 해보세요. 본문 해석은 부록에 있습니다.

🐱 ポイント

그 과에서 꼭 익혀야 하는 학습내용입니다. 「New 쑥쑥 주니어 일본어」에 이어 보다 발전된 문형과 표현, 문법을 익힐 수 있습니다.

🐱 練習問題

본문에서 익힌 문형과 어휘, 표현 등을 확인할 수 있습니다. 문제풀이를 통해 그 과의 포인트를 다시 한번 확인하며 실력을 다질 수 있습니다.

🐱 듣기

듣기문제입니다. 듣고 고르는 문제, 듣고 쓰는 문제, 내용이해문제 등 알차고 재미있게 익힐 수 있도록 구성하였습니다. 듣기 스크립트는 부록에 수록되어 있습니다.

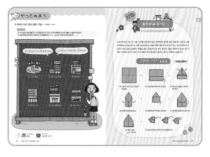

🐱 やってみよう

수업시간에 즐겁게 같이 할 수 있는 교실활동입니다. 앞에서 배운 내용과 연결되어 회화표현을 정착시키고, 필요한 어휘나 추가 표현도 익힐 수 있습니다.

🐱 문화

일본에서 인기 있는 관광지는 어디인지, 평소 즐겨먹는 음식, 도쿄의 관광지 등 일본의 생활 문화를 이해할 수 있는 코너입니다.

목차

Unit	제목	학습목표	주요문법/표현	문화
01	日本へあそびに行きます。	・무엇을 하러 갈지 간단하게 설명할 수 있습니다. ・물건을 셀 수 있습니다.	・〜に行きます 〜に来ます ・〜こ(개)	おりがみ 종이접기
02	何時に家を出ましたか。	・1주일동안 한 일을 말할 수 있습니다. ・언제 무엇을 했는지 설명할 수 있습니다.	・동사 과거형 ・시간을 나타내는 말 : 週(주), 月(월), 年(년) / 分(분)	
03	とてもおいしかったです。	・자신의 어린 시절에 대해 말할 수 있습니다. ・추억을 말할 수 있습니다.	・い형용사 과거형 ・いろ(색깔)와 형용사	일본의 지명읽기
04	とてもしずかでしたよ。	・경험에 대해 소감을 말할 수 있습니다.	・な형용사 과거형 ・명사 과거형	
05	何さいですか。	・생일이나 나이를 말할 수 있습니다. ・자신의 가족을 간단하게 소개할 수 있습니다.	・날짜 : 〜月(월) / 〜日(일) ・나이 : 〜さい(세)/ 〜年生(학년) ・しごと(직업)	일본에 가면 어려진다 구?
06	本やに行きませんか。	・상대에게 권유할 수 있습니다. ・자신의 취미에 대해 이야기할 수 있습니다.	・〜ませんか ・〜ましょうか ・〜ましょう ・〜ことです	

Unit	제목	학습목표	주요문법/표현	문화
07	すきな食べものは何ですか。	• 어떤 인물이나 사물, 장소에 대해 자세히 설명할 수 있습니다.	• い・な형용사＋명사 • い・な형용사의 て형 • 〜人(명)	일본의 음식
08	韓国人ですから。	• 질문에 대해 간단하게 이유를 들어 대답할 수 있습니다. • 음식점에서 식사 주문을 할 수 있습니다	• 〜の後で / 〜の前に • 종조사 • 〜から(이유)	한국과 일본의 상차림
09	しゃしんをとっています。	• 전화로 자신의 상황을 말할 수 있습니다.	• 〜ています(진행형)	
10	日本語をべんきょうしています。	• 자기소개를 할 수 있습니다. • 다른 사람의 자기소개를 이해하고, 간단한 질문을 할 수 있습니다.	• 〜ています (상태・습관) • 자기 소개	도쿄의 관광지
11	ぎんざせんに乗ってから、山手せんに乗りかえてください。	• 지하철이나 전철로 가는 방법을 물어볼 수 있습니다. • 동작을 순서대로 설명할 수 있습니다.	• 〜て、〜てから • 〜が、	도쿄의 지하철 한눈에 보기
12	また会おうね。	• 경험한 것을 이야기할 수 있습니다. • 친구와 반말로 간단하게 대화할 수 있습니다.	• 〜たことがあります • 보통체 / 반말	

가타카나 복습

가타카나(カタカナ)를 소리내어 읽어보고 글자를 익혀봅시다.

	ア단	イ단	ウ단	エ단	オ단
ア행	ア a	イ i	ウ u	エ e	オ o
カ행	カ ka	キ ki	ク ku	ケ ke	コ ko
サ행	サ sa	シ shi	ス su	セ se	ソ so
タ행	タ ta	チ chi	ツ tsu	テ te	ト to
ナ행	ナ na	ニ ni	ヌ nu	ネ ne	ノ no
ハ행	ハ ha	ヒ hi	フ hu	ヘ he	ホ ho
マ행	マ ma	ミ mi	ム mu	メ me	モ mo
ヤ행	ヤ ya		ユ yu		ヨ yo
ラ행	ラ ra	リ ri	ル ru	レ re	ロ ro
ワ행	ワ wa				ヲ o 자판입력은 wo
					ン n 자판입력은 nn

🌸 생김새가 비슷하여 틀리기 쉬운 글자

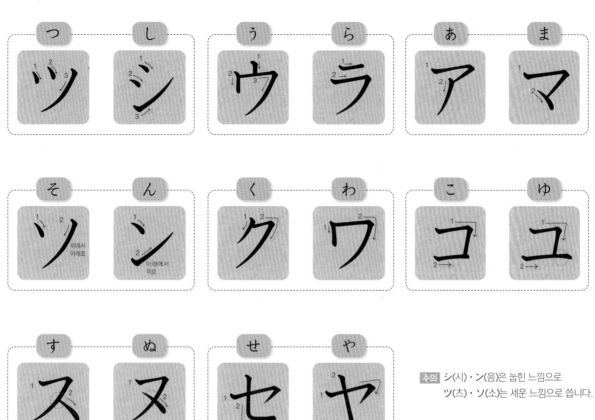

주의 シ(시)・ン(응)은 눕힌 느낌으로
ツ(츠)・ソ(소)는 세운 느낌으로 씁니다.

※ 빈칸에 가타카나를 쓰고 큰 소리로 읽어봅시다.

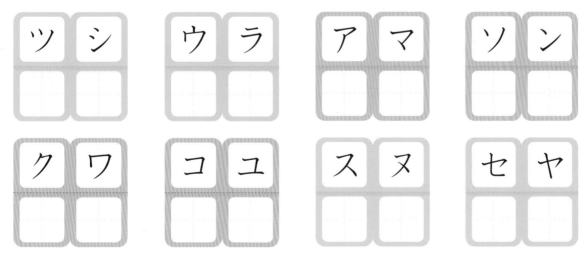

악센트 익히기

🌸 일본어에도 악센트가 있나요?

일본어의 특징 중 하나는 바로 악센트입니다. 초급 교재에서 글자만 익히고 바로 문형과 회화로 들어가는데, 사실 악센트를 이해하면 좀더 자연스럽고 원어민의 발음에 가깝게 발음할 수 있습니다. 일본어 악센트의 특징을 알아봅시다.

① 일본어 악센트는 높은 부분과 낮은 부분이 있습니다. 보통 두 음절이상의 단어의 경우 낮게 발음하는 것과 높게 발음하는 부분이 있습니다.

예   に<u>ほんご</u> 일본어   <u>き</u>ます 옵니다

② 일본어는 악센트로 의미를 구별할 수 있습니다.

예
は<u>し</u> 箸 젓가락   <u>は</u>し 橋 다리

は<u>な</u> 花 꽃   は<u>な</u> 鼻 코

<u>あ</u>め 雨 비   <u>あ</u>め 飴 사탕

③ 일본어 악센트의 종류

종류	예		발음 방법
頭高型 두고형	え̄| 그림	か̄んこく 한국	첫 번째 부분을 높게, 그 다음은 낮게 발음합니다.
中高 중고	にほ̄ん 일본	よみ̄ます 읽습니다	가운데 부분은 높지만 나머지 부분은 반드시 내려갑니다.
尾高 미고	いえ̄が| 집이	おとこ̄が| 남자가	맨 뒷부분을 높입니다. 조사가 붙을 때는 조사를 낮게 발음합니다.
平板 평판	か̄お̄ 얼굴	お̄ばさん̄ 아주머니	두 번째 부분을 높게 발음하고 그대로 내려가지 않습니다.

규칙 ☑ 한 단어에서 한번 악센트가 내려가면, 다시 올라가는 일이 없다.
☑ 첫 번째 부분과 두 번째 부분은 악센트의 높이가 반드시 다르다.

※ 다음 악센트 표시를 보면서 발음해 보세요.

❶ にわには、にわとりが います。
（庭には、ニワトリがいます。）
마당에는 닭이 있습니다.

❷ にわには にわ、とりが います。
（庭には二羽、鳥がいます。）
마당에는 두 마리 새가 있습니다.

❸ にわには にわ、にわとりが います。
（庭には二羽、ニワトリがいます。）
마당에는 두 마리 닭이 있습니다.

주의 は[하]는 조사로 쓰일 때는 わ[와]라고 발음합니다.

① そらさん、ぼく、こんど
日本へ あそびに 行きます。

② え! 本当? じゃあ、わたしの
家に とまってください。

●본문 지훈이는 고등학생입니다. 1년전 도쿄 소라네 집에서 홈스테이를 했던 적이 있는데 올해도 일본에 가게 되었습니다.

単語							
·ぼく	나/ 저(남자)	·とまる	묵다	·カレンダー	달력	·おねがいします	부탁합니다
·あそぶ	놀다	·おみやげ	선물	·やった	아싸, 우와		
·本当ほんとう	진짜	·アイドル	아이돌	·ふたつ	두 개		

ポイント

🌸 동사ます형 + に 行(い)きます/来(き)ます。 ~하러 갑니다 / 옵니다.

이 문형에서 '~に'는 '~하러'의 뜻으로 이동의 목적을 나타냅니다. 이 때 '~に' 앞에는 동사 ます형 또는 동작성 명사가 옵니다.

A : どこに(どこへ) 行(い)きますか。
어디에 갑니까?

B : としょかんへ べんきょうしに 行(い)きます。
도서관에 공부하러 갑니다.

＊주어진 표현을 이용하여 ⑩ 와 같이 일본어로 말해보세요.

友(とも)だちが あそびに 来(き)ます。

⑩ 친구가 놀러 옵니다.
→ 友(とも)だちが あそびに 来(き)ます。

りょこうに 日本(にほん)へ 行(い)きます。

❶ 일본에 여행하러 갑니다.
→

おちゃを カフェへ 友(とも)だちと のみに 行(い)きます。

❷ 친구와 카페에 차를 마시러 갑니다.
→

英語(えいご)を べんきょうしに 行(い)きます。

❸ 영어를 공부하러 갑니다.
→

 単語

 カフェ
카페

 おちゃ
차

❀ いくつ ありますか。 몇 개 있어요?

ひとつ, ふたつは '하나, 둘'에 해당하고 いっこ, にこは '한 개, 두 개'라는 뜻입니다. 읽는 방법을 익히고 아래 단어를 이용하여 묻고 답해보세요.

1 ~ 10 갯수 헤아리기

		~つ ~개	~こ ~개
1	いち	ひとつ	いっこ
2	に	ふたつ	にこ
3	さん	みっつ	さんこ
4	よん/し	よっつ	よんこ
5	ご	いつつ	ごこ
6	ろく	むっつ	ろっこ
7	なな/しち	ななつ	ななこ
8	はち	やっつ	はちこ/はっこ
9	きゅう/く	ここのつ	きゅうこ
10	じゅう	とお	じゅっこ

Tip 열 개 이상은 「じゅういっこ(11)」, 「じゅうにこ(12)」…「にじゅっこ(20)」, 「さんじゅっこ(30)」와 같이 읽습니다.

プレゼントは いくつ ありますか。　선물은 몇 개 있습니까?

プレゼントは よんこ(よっつ) あります。　선물은 네 개 있습니다.

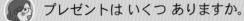

| 単語 |  いくつ 몇 개 | プレゼント 선물 | ぼうし 모자 | リボン 리본 | ⭐ ほし 별 |

練習問題

1 그림을 보면서 다음 질문에 답하세요.

❶ ❷ ❸ ❹

❶ A : 何を 食べに 行きますか。(カレー)

B : _____

❷ A : 何を かいに 行きますか。(ふく)

B : _____

❸ A : 何を しに 行きますか。(えいがを 見る)

B : _____

❹ A : どこに りょこうに 行きますか。(日本)

B : _____

単語

カレー
카레(카레라이스)

ふく
옷

えいがを みる
영화를 보다

2 그림을 보고 아래 메모지에 갯수를 쓴 다음 예와 같이 묻고 답하세요.

예 A : みかんは いくつ ありますか。　　　B : にこ(ふたつ) あります。

❶ A : じゃがいもは いくつ ありますか。　　B : _____

❷ A : _____ は いくつ ありますか。　　B : _____

たまねぎ 양파
じゃがいも 감자
トマト 토마토
りんご 사과
すいか 수박
✓ みかん 밀감　　2
ドーナツ 도넛

聞き取り

1 소라와 지훈의 대화를 잘 듣고 각자 모자와 가방을 몇 개씩 가지고 있는지 숫자로 쓰세요.

❶ ぼうし ⋮ バッグ

❷ ぼうし ⋮ バッグ

2 두 사람의 대화를 잘 듣고 알맞은 답을 고르세요.

❶ 何を 食べに 行きますか。

ⓐ みかん　　　ⓑ すし　　　ⓒ ケーキ

❷ りんごを 何こ 食べますか。

ⓐ ひとつ　　　ⓑ ふたつ　　　ⓒ みっつ

❸ そらさんは 明日、何を しますか。

　ⓐ りょこうに 行きます。
　ⓑ えいがを 見に 行きます。
　ⓒ かばんを かいに 行きます。

単語 バッグ
백, 가방

やってみよう

🌸 뭐하러 가요? 문장 만들기 게임 → 준비물 : 주사위

게임 방법

① 두 사람이 짝을 이룹니다. 주사위를 던져서 나오는 숫자에 해당하는 장소에 어울리는 답을 하면 됩니다.
② 서로 번갈아가며 묻고 답합니다. 단, 대답할 때는 ~へ ~(し)に 行きます로 답합니다.

どこに(どこへ) 行きますか。

こうえんへ あそびに 行きます。

① こうえん

② としょかん

③ カフェ

④ デパート

⑤ えいがかん

⑥ スーパー

| 単語 | こうえん 공원 | スーパー 슈퍼마켓, 마트 |

文化 おりがみ 종이접기

오리가미(종이 접기)는 주로 가위를 사용하지 않고, 정사각형 종이를 접어 동물이나 식물 등 다양한 형태의 모양을 만드는 전통 놀이입니다. 어린이부터 어른까지 즐길 수 있는 종이 공예로서 오리가미 접는 법을 소개하는 책들도 많이 있습니다. 또 종이 접기의 기술은 패션이나 음료수 캔 등에도 이용되고 있으며 현재 우주 개발과 의료분야에 응용하는 연구도 진행되고 있습니다.

점프하는 개구리 かえる

→ 준비물 : 색종이

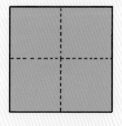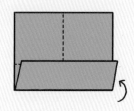

❶ 가로와 세로로 반을 한번씩 접으세요.

❷ 아랫부분을 위쪽으로 접으세요.

❸ 윗부분을 양쪽을 안쪽으로 접으세요.

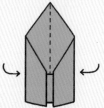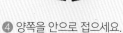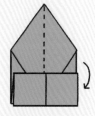

❹ 양쪽을 안으로 접으세요.

❺ 아랫부분을 위쪽으로 접으세요.

❻ 윗부분을 아래쪽으로 접으세요.

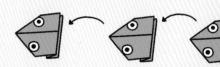

❼ 뒤집은 다음, 눈을 그립니다.

❽ 완성! 엉덩이를 가볍게 누르면 점프합니다.

02 何時に家を出ましたか。

●본문 지훈이 일본공항에 도착하니 작년에 홈스테이를 한 소라네 가족이 마중을 나와있네요.

単語	·(お)ひさしぶりです	오랜만입니다	·(お)げんきでしたか	잘 지내셨어요?	·出でる	나오다 / 나가다
	·みなさん	여러분	·もちろん	물론		

ポイント

✿ 〜ます의 과거형

암기노트

〜ました	~했습니다	<과거긍정>
〜ませんでした	~하지 않았습니다	<과거부정>

＊기본형을 잘 보고 ます의 변화형에 주의하여 아래 빈칸을 채워보세요.

1그룹	かう 사다	→	かいます 삽니다	かいました 샀습니다	→	かいませんでした 사지 않았습니다
	読む 읽다	→	読みます 읽습니다	読みました 읽었습니다	→	_____ 읽지 않았습니다
	かえる 돌아가다	→	かえります 돌아갑니다	_____ 돌아갔습니다	→	_____ 돌아가지 않았습니다
2그룹	見る 보다	→	見ます 봅니다	_____ 보았습니다	→	_____ 보지 않았습니다
	おきる 일어나다	→	おきます 일어납니다	_____ 일어났습니다	→	_____ 일어나지 않았습니다
3그룹	来る 오다	→	来ます 옵니다	_____ 왔습니다	→	_____ 오지 않았습니다
	する 하다	→	します 합니다	_____ 했습니다	→	_____ 하지 않았습니다

✿ いつ？ 언제? (시간을 나타내는 단어)

年

去年きょねん	작년
今年ことし	올해
来年らいねん	내년

月

先月せんげつ	저번 달
今月こんげつ	이번 달
来月らいげつ	다음 달

週

先週せんしゅう	저번 주
今週こんしゅう	이번 주
来週らいしゅう	다음 주

🌸 다음 질문에 일본어로 답해 보세요.

❶

A : この 本を 読みましたか。
　　ほん　　よ

이 책을 읽었습니까?

B : _____

_____

오늘은 읽지 않았습니다. 하지만(でも) 어제는 읽었습니다.

❷

A : スマートフォンで ゲームを しましたか。

스마트 폰으로 게임을 했습니까?

B : _____

_____

어제는 게임을 했습니다. 하지만 오늘은 안 했습니다.

❸

A : りなさんに あいましたか。

리나 씨를 만났습니까?

B : _____

_____

지난 달엔 만났습니다. 하지만 이번 달은 안 만났습니다.

単語	スマートフォン 스마트 폰	ゲーム 게임	でも 하지만

1 아래 그림은 쇼타 씨가 토요일에 한 일입니다. 그림을 보면서 예와 같이 과거형으로 말해봅시다.

しょうたさんの土よう日

a.m. 8:15
おきる
예 8時15分に おきました。

a.m. 8:30
① 家を 出る

a.m.11:45
② きょうしつの そうじを する

p.m.3:10
③ 家に かえる

p.m.5:00
④ 友だちと うんどうを する

p.m.9:00
⑤ パソコンで
インターネットを する

何分 몇 분? (시간을 나타내는 단어)

さんじじゅっぷん

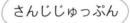

10分	じゅっぷん	15分	じゅうごふん
20分	にじゅっぷん	25分	にじゅうごふん
30分	さんじゅっぷん	35分	さんじゅうごふん
40分	よんじゅっぷん	45分	よんじゅうごふん
50分	ごじゅっぷん	55分	ごじゅうごふん

単語
 きょうしつ 교실
 そうじ 청소
 うんどう 운동
 パソコン 컴퓨터(PC)
 インターネット 인터넷

1 아래 그림은 소라가 어제 한 일입니다. 잘 듣고 순서대로 기호를 쓰세요.

    ⓐ   ⓑ   ⓒ   ⓓ

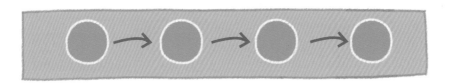

2 두 사람의 대화를 잘 듣고 맞으면 ○ 틀리면 ✗하세요.

ⓐ キムさんは 日本に 行きました。

ⓑ キムさんは ちゅうごくに 行きました。

ⓒ キムさんは 今年 りょこうに 行きました。

やってみよう

🌸 알리바이 게임

게임 방법

① 우선 자신이 지난 주 무엇을 했는지 아래 표에 써 주세요.
② 두 명씩 짝을 지어, 상대방이 지난주에 한 일에 대해 서로 질문하고 표에 씁니다.
③ 다 끝난 후 다른 친구들에게 인터뷰 내용을 설명합시다.

月よう日に 何を しましたか？

じゅくで べんきょうを しました。
＿＿＿＿ さんは 何を しましたか？

	わたし	＿＿＿＿さん
月		
火		
水		
木		
金		
土		
日		

활용표현

- じゅくで べんきょうを する
- 家いえに かえる
- としょかんに 行いく
- ゲームを する
- ごはんを 食たべる
- ともだちに 会あう
- かいものに 行いく
- えいがを 見みる

単語	じゅく 학원	ともだちに 会あう 친구를 만나다	かいものに 行いく 쇼핑하러 가다

とてもおいしかったです。

❶ 久<small>ひさ</small>しぶりの 日本<small>にほん</small>は どうですか。

❷ うれしいです。ずっと 日本<small>にほん</small>へ 来<small>き</small>たかったです。

③ ジフンさん、日本で 何を したいですか。

④ うーん。おこのみやきを 食べに 行きたいです。とても おいしかったです。

⑤ ほかには？

⑥ それから、せんとうにも 行きたいです。とても きもちよかったです。

単語						
·ずっと	계속, 줄곧	·ほかには	그밖에는	·きもち(が)いい	기분이 좋다
·おこのみやき	오코노미야키	·それから	그리고		
·とても	매우	·せんとう	목욕탕		

ポイント

✿ イ형용사의 과거형

암기노트

かわいい 귀엽다	→	**かわいかったです** 귀여웠습니다
かわいくない 귀엽지 않다	→	**かわいくありませんでした** **かわいくなかったです** 귀엽지 않았습니다

> イ형용사의 과거는
어미 い를 かった로
바꾸면 됩니다.

＊기본형을 잘 보고 변화형에 유의하여 아래 빈칸을 채우세요.

おおい 많다	→	おおいです 많습니다	おおかったです 많았습니다	→	おおくありませんでした 많지 않았습니다
からい 맵다	→	からいです 맵습니다	からかったです 매웠습니다	→	＿＿＿＿＿＿ 맵지 않았습니다
ひくい 낮다	→	ひくいです 낮습니다	＿＿＿＿＿＿ 낮았습니다	→	＿＿＿＿＿＿ 낮지 않았습니다
あかい 빨갛다	→	あかいです 빨갛습니다	＿＿＿＿＿＿ 빨갰습니다	→	＿＿＿＿＿＿ 빨갛지 않았습니다
あまい 달다	→	あまいです 답니다	＿＿＿＿＿＿ 달았습니다	→	＿＿＿＿＿＿ 달지 않았습니다
あたたかい 따뜻하다	→	あたたかいです 따뜻합니다	＿＿＿＿＿＿ 따뜻했습니다	→	＿＿＿＿＿＿ 따뜻하지 않았습니다
いい 좋다	→	いいです 좋습니다	＿＿＿＿＿＿ 좋았습니다	→	＿＿＿＿＿＿ 좋지 않았습니다

주의 いい(좋다)-よくない(좋지 않다)

✿ いろ 색깔 (색깔을 나타내는 단어와 い형용사)

い형용사가 있는 색상			い형용사			い형용사가 없는 색상	
あか	빨강		あかい	빨갛다		みどり	녹색
あお	파랑		あおい	파랗다		むらさき	보라
きいろ	노랑		きいろい	노랗다		ピンク	분홍
ちゃいろ	갈색		ちゃいろい	갈색이다		オレンジ	오렌지,주황
しろ	하양		しろい	하얗다		きんいろ	금색
くろ	검정		くろい	까맣다		ぎんいろ	은색

＊두 사람이 어린 시절에 대해 이야기하고 있습니다. 표시된 부분을 과거형으로 바꾸어 말해보세요.

A : ひろこさんは、どんな 小学生_{しょうがくせい}でしたか。

B : 学校_{がっこう}は とても [ⓐ]おもしろいです。

　　でも、こくごは [ⓑ]むずかしいです。

A : そうですか。きゅうしょくは [ⓒ]おいしいですか。

B : はい。でも、なっとうは [ⓓ]おいしくありません。

A : そうですか。友_{とも}だちは [ⓔ]おおいですか。

B : いいえ。[ⓕ]すくないです。

ⓐ →
ⓑ →
ⓒ →
ⓓ →
ⓔ →
ⓕ →

単語 からい 맵다　 あまい 달다　 こくご 국어　 きゅうしょく 급식

とてもおいしかったです。　29

1 유키가 자신의 어린 시절에 대해 이야기하고 있습니다. A는 옛날, B는 지금의 상황입니다.
예와 같이 그림을 보면서 A는 과거형, B는 현재형으로 말해 보세요.

A 〔 むかし 〕　B 〔 いま 〕

예)　むかしは あしが はやかったです。
　　でも、今は あしが おそいです。

　　あしが はやい　　あしが おそい

① むかしは ＿＿＿＿＿＿＿＿＿＿
　　でも、今は ＿＿＿＿＿＿＿＿＿

　　えきが ちかい　　えきが とおい

② むかしは ＿＿＿＿＿＿＿＿＿＿
　　でも、今は ＿＿＿＿＿＿＿＿＿

　　せいせきが いい　　せいせきが わるい

③ むかしは ＿＿＿＿＿＿＿＿＿＿
　　でも、今は ＿＿＿＿＿＿＿＿＿

　　へやが せまい　　へやが 広い

④ むかしは ＿＿＿＿＿＿＿＿＿＿
　　でも、今は ＿＿＿＿＿＿＿＿＿

　　うるさい　　　　しずかだ

| 単語 | あしが はやい
달리기가 빠르다 | あしが おそい
달리기가 느리다 | せいせきが いい
성적이 좋다 | へや
방 |

聞き取り

1 잘 듣고 알맞은 것을 고르세요.

❶ きのう、みわさんは

    ⓐ いそがしいでした。

    ⓑ いそがしかったです。

    ⓒ いそがしくありませんでした。

❷ まきさんは

    ⓐ せが ひくかったです。

    ⓑ かみが くろかったです。

    ⓒ かみが くろくなかったです。

❸ 中国は

    ⓐ おもしろかったです。

    ⓑ さむかったです。

    ⓒ あたたかかったです。

2 옛날 사진을 보면서 친구들과 이야기하고 있습니다. 잘 듣고 설명에 맞는 인물을 ⓐ~ⓒ 중 고르세요.

    ⓐ   ⓑ   ⓒ

わたし ＿＿＿＿＿

えりこ ＿＿＿＿＿

ゆき ＿＿＿＿＿

単語		
かみ(髪) 머리카락	せが 高たかい 키가 크다	いちばん 제일, 가장

やってみよう

🍀 인터뷰 게임

게임 방법

아래 표는 '초등학생시절'에 관한 질문 리스트입니다.
① 먼저 예와 같이 밑줄 친 부분을 [과거의문형]으로 만듭니다.
② 어떤 초등학생이었는지 짝에게 묻고 빈칸에 질문에 대한 답을 쓰세요.

예 かみが ながい。
→ かみが ながかったですか。

ⓐ はい。かみが ながかったです。
ⓑ いいえ。かみが ながく ありませんでした。

---

❶ あしが はやい。
→ _____

ⓐ
ⓑ

---

❷ せが 高い。
→ _____

ⓐ
ⓑ

---

❸ べんきょうは おもしろい。
→ _____

ⓐ
ⓑ

---

❹ 先生は やさしい。
→ _____

ⓐ
ⓑ

---

❺ 学校は 家から とおい。
→ _____

ⓐ
ⓑ

かみが ながかったですか？

はい。かみが ながかったです。

일본은 홋카이도(北海道), 혼슈,(本州) 시코쿠(四国), 규슈(九州)로 총 4개의 주요 섬과 많은 섬으로 이루어져 있고, 행정구역은 도쿄도(東京都), 홋카이도(北海道), 오사카부(大阪府), 교토부(京都府)와 43개의 '현(県)'이 있습니다. 지역마다 각각의 지역성이나 풍경, 인정이 있습니다. 꼭 여러 지역을 여행해 보세요.

외국인에게 인기 있는 일본 관광지 Top 5

1위 : 후시미이나리 신사 / 교토부
2위 : 히로시마현 평화 기념 자료관 / 히로시마현
3위 : 미야지마 / 히로시마현
4위 : 도다이지 / 나라현
5위 : 신주쿠교엔 / 도쿄도
(트립 어드바이저 2018)

日本

시계탑 (홋카이도)

네부타 축제(아오모리현)

돈코츠라멘(후쿠오카현)

다코야키(오사카부)

히비스커스(오키나와현)

굴 (에히메현)

후지산 (시즈오카현)

도쿄스카이트리(도쿄도)

●본문 일본의 목욕탕을 가보고 싶었던 지훈이는 소라네 가족과 함께 목욕탕에 갔습니다.

ポイント

ナ形용사의 과거형

かんたんです	→	かんたんでした
간단합니다		간단했습니다
かんたんじゃありません	→	かんたんじゃありませんでした
		かんたんじゃなかったです
간단하지 않습니다		간단하지 않았습니다

> 명사도
> ナ형용사식으로
> 활용합니다.

＊아래 빈칸에 적절한 な형용사, 명사를 알맞은 형태로 바꾸어 쓰세요.

기본형		현재	과거	과거부정
上手だ	잘하다	上手です	上手でした	上手じゃありませんでした
げんきだ	건강하다	げんきです		
有名だ	유명하다	有名です		
まじめだ	성실하다	まじめです		
しんせんだ	신선하다	しんせんです		
すきだ	좋아하다	すきです		
やすみだ	휴일이다	やすみです		
子どもだ	아이다	子どもです		

주의 「~じゃありません」「~ではありません」둘 다 사용합니다.

キムさんは いつも
まじめでした。

この 本は
有名じゃありませんでした。

昨日は やすみでした。

김상은 항상 성실했습니다.

이 책은 유명하지 않았어요.

어제는 쉬는 날이었어요.

単語 しんせんだ
신선하다

＊두 사람이 국제 전화를 하고 있습니다. 밑줄친 부분을 과거형으로 바꾸어 말해보세요.

A : もしもし、 ❶げんきですか。 (잘 지냈어요?) 日本りょこうは たのしいですか。

B : はい。韓国の きのうの てんきは どうでしたか。

A : はれでした。
  日本は どうでしたか。

B : ❷あめです。 (비가 왔습니다) きのうは、 ❸ひまです。 (한가했습니다)

❶ → _____

❷ → _____

❸ → _____

| 単語 | もしもし 여보세요 | てんき 날씨 | はれ 맑음 | あめ 비 | ひまだ 한가하다 |

練習問題

1 주어진 표현을 과거형으로 바꾸고 알맞은 그림을 선으로 이으세요.

① あめです。 ② にくが きらいです。 ③ げんきです。 ④ えが 上手<small>じょうず</small>です。

ⓐ  ⓑ  ⓒ ⓓ

2 밑줄 친 부분을 과거형으로 바꾸어 말해보세요.

① ここは むかし、とても <u>しずかです</u>。でも、今<small>いま</small>は うるさいです。

② むかし、ちかてつが <u>ないです</u>。だから <u>ふべんです</u>。
でも、今<small>いま</small>は べんりです。

③ 子<small>こ</small>どもの とき、うたが <u>下手<small>へた</small>です</u>。でも、今<small>いま</small>は 上手<small>じょうず</small>です。

④ この デパートは むかし、<u>有名<small>ゆうめい</small>じゃありません</u>。
でも、今<small>いま</small>は 有名<small>ゆうめい</small>です。

⑤ 去年<small>きょねん</small>は <u>小学生<small>しょうがくせい</small>です</u>。でも、今年<small>ことし</small>は 中学生<small>ちゅうがくせい</small>です。

| 単語 | にく
고기 | え
그림 | だから
그래서, 그러니까 | 中学生<small>ちゅうがくせい</small>
중학생 |

聞き取り

잘 듣고 알맞은 그림을 찾아 ○ 하세요.

①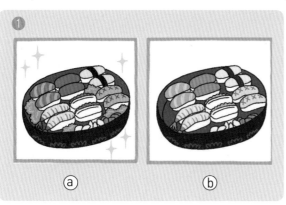

②

③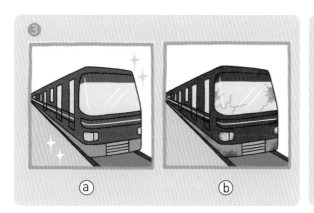

④

⑤

⑥

やってみよう

🌸 가위바위보 놀이

게임 방법

① 둘이서 짝을 이룬 다음 가위 바위 보를 합니다.
② 가로로 이긴 사람은 한 칸, 바위로 이긴 사람은 두 칸, 보로 이긴 사람은 세 칸 진행할 수 있습니다.
③ 예와 같이 단어를 과거형으로 바꿔 말하세요. 성공하면 써있는 점수를 받을 수 있습니다.
④ 제한 시간이 될 때까지 게임을 계속합니다. 시간이 다 되면 가장 점수가 많은 사람이 이깁니다.

じゃんけん、ぽん

じゃんけん

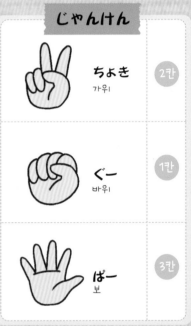

	ちょき 가위	2칸
	ぐー 바위	1칸
	ぱー 보	3칸

예 すしが しんせんだ **+1** → すしが しんせんでした。

성공하면 1점을 받을 수 있습니다！

·単語·

 くうこう
공항

みち
길

 バス
버스

 てんいん
점원

 わさび
고추냉이

 ～弁べん
～사투리

ちかてつ
지하철

 ちゅうもん
주문

 おおさかじょう
오사카 성

 アメリカむら
미국마을
(오사카의 지역명)

 たこやき
다코야키

つうてんかく
오사카의 전망대

 水すいぞくかん
수족관

 乗のりかえ
환승

유나의 오사카 여행기

작년에 한국인 유나는 친구와 함께 일본 오사카로 여행을 갔습니다.
유나는 여행지에서 어떤 것을 새롭게 알고 느꼈을까요? 가위바위보 놀이를 통해 알아봅시다.

start スタート				

start スタート

すしが しんせんだ +1	くうこうが きれいだ +2	バスが べんりだ +3	みちが ふくざつだ +1	おおさかじょうは 大(おお)きい +2
デパートは ひろい +2	わさびは きらいだ +1	アメリカむらは にぎやかだ +2	てんいんは 英語(えいご)が 上手(じょうず)じゃない +1	おこのみやきが おいしい +3
乗(の)りかえが たいへんだ +1	みんな しんせつだ +3	おおさかべんが むずかしい +1	食事(しょくじ)の ちゅうもんが かんたんだ +2	ずっと はれだ +3
すいぞくかんは しずかだ +2	友(とも)だちは 日本(にほん)語(ご)が 上手(じょうず)だ +3	つうてんかくは 高(たか)い +1	インターネットが ふべんだ +1	たこやきが 有名(ゆうめい)だ +1

         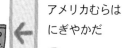      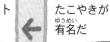 

とてもしずかでしたよ。

何^{なん}さいですか。 🎧14

① そらさんは 何^{なん}さいですか。

② 14さいです。
中学^{ちゅうがく} 2年生^{にねんせい}です。

●본문 지훈과 소라가 나이와 생일에 대해 이야기하고 있습니다.

③ じゃあ、そらさんは 韓国の 年は １５さいです。ぼくは １８さいです。韓国の 年は 日本より １さい 多いです。

④ じゃあ、たん生日は いつですか？

⑤ ５月 ５日です。じつは 今日です。

⑥ えっ！たん生日 おめでとうございます。

単語	・何なんさい	몇 살	・年とし	나이	・〜日にち	~일
	・〜さい	~살, ~세	・たん生日じょうび	생일	・じつは	실은
	・〜年生ねんせい	~학년	・〜月がつ	~월	・おめでとうございます	축하합니다

ポイント

✿ 나이와 생일 말하기

나이를 물을 때 "おいくつですか。"라고 하면 더 정중한 느낌을 줍니다. 아래 날짜 읽는 법을 참고하여 자신의 나이와 생일을 말해 봅시다. "お +명사"로 존경어로 쓰이는 단어도 있습니다.

예 名前(なまえ) 이름 → お名前(なまえ) 성함, しごと 직업 → おしごと 하시는 일

何さいですか。
몇 살입니까?

たん生日は いつですか。
생일은 언제입니까?

１６です。
열 여섯입니다.

= 16(じゅうろく)さいです。

６月10日です。
6월 10일입니다.

何月(なんがつ) 몇 월		何日(なんにち) 며칠			
1月	いちがつ	1日	ついたち	16日	じゅうろくにち
2月	にがつ	2日	ふつか	17日	じゅうしちにち
3月	さんがつ	3日	みっか	18日	じゅうはちにち
4月	しがつ	4日	よっか	19日	じゅうくにち
5月	ごがつ	5日	いつか	20日	はつか
6月	ろくがつ	6日	むいか	21日	にじゅういちにち
7月	しちがつ	7日	なのか	22日	にじゅうににち
8月	はちがつ	8日	ようか	23日	にじゅうさんにち
9月	くがつ	9日	ここのか	24日	にじゅうよっか
10月	じゅうがつ	10日	とおか	25日	にじゅうごにち
11月	じゅういちがつ	11日	じゅういちにち	26日	にじゅうろくにち
12月	じゅうにがつ	12日	じゅうににち	27日	にじゅうしちにち
		13日	じゅうさんにち	28日	にじゅうはちにち
		14日	じゅうよっか	29日	にじゅうくにち
		15日	じゅうごにち	30日	さんじゅうにち
				31日	さんじゅういちにち

주의 나이는 いっさい, にさい, さんさい, よんさい, ごさい, ろくさい, ななさい, はっさい, きゅうさい, じゅっさい…와 같이 읽는다. 단 20살은 はたち.

✿ 학년과 직업 말하기

＊아래 질문상자의 정보를 이용하여 묻고 답하고 아래 빈칸을 채워보세요.

(예)
김소연
생일 : 11월 24일
중1 (13살)

たん生日は、じゅういちがつ にじゅう よっかです。
年は、じゅうさんさいです。
中学 1年生です。

❶
와타나베 타미 코
생일 : 7월 2일
선생님 (31살)

_____ は、しちがつ ふつかです。
_____ は、さんじゅういっさいです。
_____ は、先生です。

❷
마이클 스미스
생일 : 9월 19일
대3 (21살)

たん生日は、_____ です。
年は、_____ です。
大学は、_____ です。

학년 읽는 법

小学(しょうがく) 초등학교
中学(ちゅうがく) 중학교
高校(こうこう) 고등학교
大学(だいがく) 대학교
1年生(いちねんせい) 1학년
2年生(にねんせい) 2학년
3年生(さんねんせい) 3학년
4年生(よねんせい) 4학년
5年生(ごねんせい) 5학년
6年生(ろくねんせい) 6학년

| 単語 | しごと 직업 | かしゅ 가수 | 大学だいがく 대학, 대학교 | 先生せんせい 선생님 |

練習問題

1 ㉖와 같이 주어진 정보를 이용하여 소개해 보세요.

가와노 도모미치

생일 4월 27일

50세 / 회사원

㉖ たん生日は、しがつにじゅうしちにちです。

年は、ごじゅっさいです。

しごとは、かいしゃいんです。

야마모리 마키

생일 2월 6일

15세 / 중3

❶ たん生日は、

年は、

이준기

생일 4월 3일

11세 / 초5

❷ たん生日は、

年は、

2 다음 질문에 알맞은 답을 고르세요.

❶ 何さいですか。

❷ 何年生ですか。

❸ おしごとは、何ですか。

❹ たん生日は、何月何日ですか。

ⓐ 2月22日です。

ⓑ せんせいです。

ⓒ 15さいです。

ⓓ 中学2年生です。

単語　かいしゃいん
회사원

聞き取り

1 잘 듣고 질문에 알맞은 답을 찾아 선으로 이으세요.

❶ ・

❷ ・

❸ ・

・ ⓐ 12月25日です。

・ ⓑ 61さいです。

・ ⓒ 中学2年生です。

2 잘 듣고 ①~④의 설명과 일치하는 그림을 찾아 기호를 쓰세요.

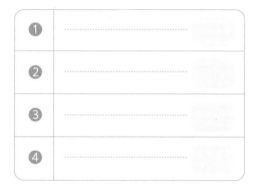

やってみよう

🖊 가족 소개하기

게임 방법

① 우선 자신의 가족에 대한 정보를 오른쪽 페이지에 있는 A카드 ①~⑤에 쓰세요. 생일, 나이 등.
　※ 서로 카드를 보여주지 마세요.
② 짝을 만드세요. 서로 인터뷰를 해서 상대방 가족에 대해 알게 된 내용을 B카드①~⑤에 쓰고 발표해봅시다.

かぞくは 何人ですか。

ちち、はは、おとうと、
わたしの 4人です。

Q : テフンさんの かぞくは 何人ですか。
A : ちち、はは、おとうと、わたしの 4人です。

Q : おかあさんの たん生日は いつですか。
A : しがつ ついたち(4/1)です。　…계속

자신의 가족 / 남의 가족

ちち 아버지 / おとうさん
はは 어머니 / おかあさん
おとうと 남동생 / おとうとさん
いもうと 여동생 / いもうとさん
※상대방의 가족은 높여서 말해요.

이름	가족호칭	생일	나이
김용준	ちち 아버지	3 / 29	45
이미화	はは 어머니	4 / 1	42

우리가족 / わたしの かぞく A

이름	가족호칭	생일	나이

친구가족 / ともだちの かぞく B

이름	가족호칭	생일	나이

文化

일본에 가면 어려진다구?

나이에 관한 행사와 의식

나이를 말할 때 일본에서는 한국 나이보다 한 살 적게 말해야 합니다. 일본에서는 아이가 태어나서 만 1년이 되었을 때 한 살이 되기 때문입니다. 한국의 백일잔치, 돌잔치처럼 일본에서도 나이별로 축하하고 기념하는 행사가 있습니다. 몇 살에 어떤 행사가 있는지 알아봅시다.

初宮参(はつみやまい)り

◆ 하츠미야마이리 – 첫 신사 참배(생후 31,33일째)

아기가 나들이옷을 입고 처음으로 신사에 참배하여 장수와 건강을 기원하는 행사입니다. 일반적으로 남자아이는 생후 31일째, 여자아이는 33일째에 참배합니다.

初節句(はつぜっく)

◆ 하츠젯쿠 – 태어나서 처음 맞는 명절(만 1세)

태어나서 처음으로 맞는 절기(환절기를 축하하는 날)에 하는 행사입니다. 아이의 건강한 성장을 기원하며, 살아가면서 재앙이 생기지 않기를 기원합니다.

일반적으로 남자아이를 위해서는 5월 5일에 잉어 드림(こいのぼり)과 무사 인형 등을 장식합니다.

잉어 드림 こいのぼり

여자아이를 위해서는 3월 3일에 히나인형(ひな人形)을 장식하고 지라시즈시(ちらしずし)·단술(しろざけ) 등을 먹으며 축하합니다.

※ 지라시즈시(ちらしずし) = 초밥 위에 생선회·계란말이·
　 야채 등을 얹은 요리.

히나인형 ひな人形(にんぎょう)

七五三(しちごさん)

◆ 시치고상(만 3, 5, 7세)

11월 15일에 3세 아이(남녀), 5세 남자아이, 7세 여자아이들이 나들이옷을 입고, 부모님과 함께 신사에 참배하러 갑니다. 아이들의 성장을 감사하며 잘 자라기를 기도합니다.

成人式(せいじんしき)

◆ 성인식(만 20세)

어른이 된 만 스무 살 남녀가 참석하는 의식입니다. 1월 둘째 월요일은 '성년의 날(成人の日)'로 공휴일입니다. 이날에 각 지역 자치체에서 성인식이 진행되며 참가자들은 기모노와 양복을 입고 참석합니다. 이날에 동창회를 해서 고향 친구끼리 만나는 경우가 많습니다.

年祝(としいわ)い

◆ 도시이와이 – 장수를 위한 축하(한국 나이 61세/만 60세)

노인들의 장수를 축하하고 건강과 장수를 소원하여 일정한 나이가 될 때마다 하는 축하 의례입니다.

한국 나이 61세는 '환갑(還曆)'이라고 해서 축하하는 의미로 빨간 두건을 쓰거나 빨간 웃옷을 입습니다. 현재 만 60세에 하는 사람도 늘어나고 있는 추세입니다. 그 후에는 70, 77, 80, 81, 88, 90, 99, 100세의 의례가 있습니다.

환갑 때 입는 빨간 두건과 웃옷

06 本やに行きませんか。 🎧⑰

❷ はい。ぼくの しゅみは 本を 読む ことです。

❶ ジフンさん、本が すきですよね。

❸ 今日は ジフンさんの たん生日ですよね。
だから、本を プレゼントしたいです。
いっしょに 本やに 行きませんか。

❹ ありがとう。じゃあ、ぼくが
昼ごはんを ごちそうします。

❺ 本当ですか。じゃあ、本やの ちかくの
おこのみやきやさんで 食べませんか。

❻ そうしましょう。
じゃあ、行きましょうか。

単語					
・しゅみ	취미	・〜や屋, 〜や屋さん	〜집(가게)	・ごちそうする	대접하다, 밥을 사주다
・プレゼントする	선물하다	・本ほんや	서점	・おこのみやきや	오코노미야키 가게
・いっしょに	함께, 같이	・昼ひるごはん	점심(점심밥)		

本やに 行きませんか。　53

ポイント

～ませんか / ～ましょうか / ～ましょう 권유표현 18

암기노트

동사ます형 + **ませんか**	~하지 않겠습니까?, ~할래요?
동사ます형 + **ましょうか**	~할까요?
동사ます형 + **ましょう**	~합시다

> 다른 사람에게 ~하자고 권유할 때는 보통 이 표현의 순서대로 의견을 묻는 것이 자연스럽습니다.

＊예 와 같이 자연스러운 대화가 되도록 주어진 동사를 이용하여 묻고 답해 보세요.

예 A：今日、ごはんを 食べに 行きませんか。
오늘 밥을 먹으러 가지 않을래요?

B：いいですね。どこに 行きましょうか。
좋아요. 어디로 갈까요?

A：そばを 食べに 行きましょう。
메밀 국수를 먹으러 갑시다.

> **거절해야 할 때**
>
> すみません。今日は ちょっと…。
> 죄송합니다. 오늘은 좀….

① いっしょに えいがを_____。（見る）

いいですね。何を_____。（見る）

「ワンピース」を_____。（見る） Tip ワンピース 원피스 ※영화 이름

② 明日、わたしの 家に_____。（あそびに 来る）

いいですね。何時に_____。（行く）

１２時に 来てください。いっしょに ごはんを_____。（食べる）

🌸 동사 사전형 + **ことです** ~하는 것입니다

취미를 말할 때 'わたしのしゅみは ～ことです.'와 같이 말할 수 있습니다.

> キムさんの しゅみは 何_{なん}ですか。
> 김상의 취미는 무엇입니까?

> わたしの しゅみは、本_{ほん}を 読_よむ ことです。
> 제 취미는 책을 읽는 것입니다.

㉠ おんがくを ききます。　→　わたしの しゅみは、おんがくを きく ことです。

❶ ピアノを ひきます。　→　わたしの しゅみは、＿＿＿＿＿＿＿＿＿＿

❷ えを かきます。　→　わたしの しゅみは、＿＿＿＿＿＿＿＿＿＿

❸ うたを うたいます。　→　わたしの しゅみは、＿＿＿＿＿＿＿＿＿＿

❹ プールで およぎます。　→　わたしの しゅみは、＿＿＿＿＿＿＿＿＿＿

❺ ゲームを します。　→　わたしの しゅみは、＿＿＿＿＿＿＿＿＿＿

単語

 おんがく
음악

 ひく
(악기를)치다

 プール
수영장

 ゲーム
게임

 きく
듣다

 かく 描く
그리다

 およぐ
헤엄치다

練習問題

1 두 사람이 대화하고 있습니다. 주어진 표현을 알맞은 형태로 바꾸어 아래 대화문을 완성하세요.

A : さとうさん、コーヒーを ^예(のみに 行く)。

B : はい。どこに ①(行く)。

A : "Cafe J" は どうですか。

B : いいですね。何時に ②(する)。

A : 1時は どうですか。

B : すみません。1時は ちょっと…。

やくそくが あります。2時に ③(する)。

A : はい。じゃあ、2時に ④(あう)。

예　のみに 行きませんか。
＿＿＿＿＿＿＿＿＿＿＿＿＿＿
마시러 가지 않겠습니까?

1 ＿＿＿＿＿＿＿＿＿＿＿＿＿＿
갈까요?

2 ＿＿＿＿＿＿＿＿＿＿＿＿＿＿
할까요?

3 ＿＿＿＿＿＿＿＿＿＿＿＿＿＿
하지 않겠습니까?

4 ＿＿＿＿＿＿＿＿＿＿＿＿＿＿
만납시다.

2 그림을 보고 주어진 표현을 이용하여 묻고 답해 봅시다.

Q しゅみは 何ですか。（おかしを つくる）

A おかしを つくる ことです。

1

Q しゅみは 何ですか。（えを かく）

A ＿＿＿＿＿＿＿＿＿＿＿＿＿＿＿＿

2

Q しゅみは 何ですか。（りょうりを つくる）

A ＿＿＿＿＿＿＿＿＿＿＿＿＿＿＿

3

Q しゅみは 何ですか。（ギターをひく）

A ＿＿＿＿＿＿＿＿＿＿＿＿＿＿＿

| 単語 | やくそく 약속 | おかし 과자 | つくる 만들다 | りょうり 요리 | ギターをひく 기타를 치다 |

聞き取り

1 잘 듣고 그림과 내용이 일치하면 ○, 다르면 ✗ 하세요.

①   ②   ③   ④

2 소라와 지훈의 대화를 듣고 다음 질문에 알맞은 것을 고르세요.

① ふたりは 何を しに 行きますか。

    ⓐ うんどう   ⓑ かいもの   ⓒ りょうり

② いつ 行きますか。

    ⓐ 今日   ⓑ 明日   ⓒ あさって

③ 何時に 行きますか。

    ⓐ 11時   ⓑ 10時   ⓒ 1時

④ どこに 行きますか。

    ⓐ がっこう   ⓑ カフェ   ⓒ デパート

| 単語 | やきゅう 야구 |

やってみよう

파티 약속 잡기

게임 방법
① 두 사람씩 짝을 만드세요.
② 아래 **대화 예 ❶**를 참고하여 파티 [① 날짜 ② 시간 ③ 장소]를 정해보세요.
③ [① 날짜 ② 시간 ③ 장소]가 결정되면 아래 **메모 1**에 그 내용을 기록한 다음 대화문을 완성해봅시다.

クリスマスパーティーを しませんか。

いいですね。
いつ しましょうか。

대화 예 ❶

A : _____ さん、クリスマスパーティーを しませんか。

B : いいですね。いつ しましょうか。

A : 12月 24日、木よう日は どうですか。

B : だいじょうぶです。じゃあ、何時に はじめましょうか。

A : 5時に しませんか。

B : はい。そうしましょう。ばしょは どう しましょうか。

A : わたしの 家は どうですか。

B : じゃあ、_____ さんの 家で しましょう！

Happy Party!

메모1		예
1. 日(ひ)にち	날짜	12/24, 木よう日
2. 時間(じかん)	시간	PM5:00~
3. ばしょ	장소	Aさんの家

게임 방법

① 두 사람씩 짝을 만드세요.
② 아래 **대화 예 ❷**를 참고하여 쇼핑을 같이 가자고 권유해보세요.
③ [①날짜 ②시간 ③장소 ④쇼핑 목록]이 결정되면 아래 **메모2**에 그 내용을 기록한 다음 대화문을 발표합시다.

06

_____を かいに 行きませんか。

いいですね。
いつ 行きましょうか。

대화 예 ❷

A : _____さん、_____を かいに 行きませんか。

B : いいですね。いつ 行きましょうか。

A : _____ は どうですか。

B : だいじょうぶです。じゃあ、何時(なんじ)に あいましょうか。

A : _____

B : はい。そうしましょう。どこで あいましょうか。

A : _____ は どうですか。

B : いいですね。じゃあ、_____で あいましょう！

메모 2		
1. 日(ひ)にち	날짜	
2. 時間(じかん)	시간	
3. ばしょ	장소	
4. かいものリスト	쇼핑 목록	

 ばしょ
장소

 かいものリスト
쇼핑 목록

07 すきな食べものは何ですか。

●본문 지훈과 소라의 가족이 패밀리 레스토랑에 식사하러 왔습니다.

単語	·いらっしゃいませ	어서 오세요	·〜名めい	〜명	·〜にする	〜로 하다(메뉴를 정할 때)
	·何名なんめいさま	몇 분	·こちら	이쪽, 여기	·シーフードカレー	해산물 카레
	·〜人にん	〜사람	·食たべもの	음식		

すきな食べものは何ですか。　61

ポイント

🌸 何人(なんにん)ですか？ 몇 명입니까?

인원수를 물을 때 쓰는 말입니다. '~名(めい)'라고도 하는데 이것은 격식 있는 표현이며, '~名(めい)さま'는 주로 손님에게 사용하는 표현입니다. 일상회화에서는 '~人(にん)'을 사용합니다.

> ゆみさんの かぞくは 何人(なんにん)ですか。
> 유미 씨의 가족은 몇 명입니까?

> 4人(よにん)です。 もりさんは 何人(なんにん)かぞくですか。
> 네 명입니다. 모리 씨는 가족이 몇 명입니까?

> 6人(ろくにん)かぞくです。
> 여섯 명입니다.

사람 수 읽는 법

1人	ひとり	6人	ろくにん
2人	ふたり	7人	しちにん
3人	さんにん	8人	はちにん
4人	よにん	9人	きゅうにん
5人	ごにん	10人	じゅうにん

Tip 7人 : ななにん으로 읽을 수도 있어요.

🌸 형용사의 명사수식형

암기노트

い형용사 + 명사	おもしろい 재미있다	+	本(ほん) 책	→	おもしろい 本(ほん) 재미있는 책
な형용사 + 명사	げんきだ 건강하다	+	人(ひと) 사람	→	げんきな 人(ひと) 건강한 사람

単語

ところ
곳, 장소

国(くに)
나라

まち
도시, 마을

＊다음 도표를 보고 알맞은 형태로 바꾸어 빈칸을 채우세요.

あまい	＋	ジュース	→		달콤한 주스
いい	＋	ところ	→		좋은 곳
おもい	＋	かばん	→		무거운 가방
しんせつだ	＋	ひと	→		친절한 사람
きれいだ	＋	国(くに)	→		아름다운 나라
にぎやかだ	＋	まち	→		번잡한 도시

❀ 형용사의 て형

07

> **암기노트**
>
> | い형용사의 て형 | おもしろい | → | おもしろくて |
> | | 재미있다 | | 재미있고, 재미있어서 |
> | な형용사의 て형 | げんきだ | → | げんきで |
> | | 건강하다 | | 건강하고, 건강해서 |

＊다음 도표를 보고 알맞은 형태로 바꾸어 빈칸을 채우세요.

せが たかい ＋ かっこいいです。	→ せが たかくて、かっこいいです。	키가 크고 멋집니다.
あたまが いい ＋ おもしろいです。	→ あたまが よくて、おもしろいです。	머리가 좋고 재미있습니다.
やすい ＋ おいしいです	→	싸고 맛있습니다.
有名だ^{ゆうめい} ＋ きれいです。	→	유명하고 깨끗합니다.
まじめだ ＋ しんせつです。	→	성실하고 친절합니다.
かんたんだ ＋ べんりです。	→	간단하고 편리합니다.

Q : かの女^{じょ}は どんな 人^{ひと}ですか。
　　그녀는 어떤 사람입니까?

A : あたまが よくて、うたが じょうずで、きれいな 人^{ひと}です。
　　머리가 좋고 노래를 잘하고 예쁜 사람입니다.

Q : あのみせは どんな みせでしたか。
　　저 가게는 어떤 가게였습니까?

A : おいしくて、サービスが よくて、きれいな みせでした。
　　맛있고 서비스가 좋고 깨끗한 가게였습니다.

Tip きれいだ는 '깨끗하다'와 '예쁘다' 두 가지 뜻이 있습니다.

単語	かの女^{じょ} 그녀	どんな 어떤	人^{ひと} 사람	サービス 서비스

練習問題

1 예와 같이 다음 질문에 답해 보세요.

日本で いちばん
たかい
きれいだ
山

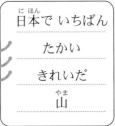

예 Q：ふじ山は どんな 山ですか。

A：日本で いちばん たかくて、きれいな 山です。

かっこいい
あたまが いい
人

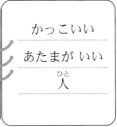

❶ Q：Aさんは どんな 人ですか。

A：_____

おもしろい
有名だ
本

❷ Q：これは どんな 本ですか。

A：_____

2 안의 인원수를 일본어로 바꾸어 말해보세요.

❶ Q：何名さまですか。　　　　　　A：_____ です。　　1명

❷ Q：かぞくは 何人ですか。　　　　A：_____ です。　　5명

❸ Q：何人きょうだいですか。　　　A：_____ です。　　2명

山 やま
산

あたまが いい
머리가 좋다

きょうだい
형제

聞き取り

1 잘 듣고 알맞은 답을 고르세요.

07

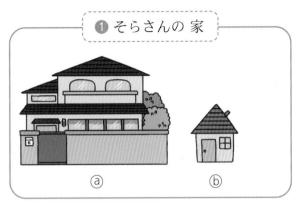

❶ そらさんの 家
ⓐ   ⓑ

❷ わたしの いもうと
ⓐ   ⓑ

❸ わたしの けいたい
ⓐ   ⓑ

❹ わたしの かぞく
ⓐ   ⓑ

2 대화를 잘 듣고 다음 질문에 알맞은 답을 고르세요.

❶ キムさんの かぞくは 何人ですか。

ⓐ 2人　　　ⓑ 3人　　　ⓒ 4人

❷ やさしくて、りょうりが じょうずな 人は だれですか。

ⓐ おとうさん　　ⓑ おかあさん　　ⓒ おねえさん

やってみよう

🌸 누가누가 길게 말하나 い・な형용사로 문장을 길게 만드는 게임

게임 방법

① 짝을 만든 다음, 질문목록 을 보고 서로 번갈아가며 て(で) 형으로 형용사를 이어서 말하는 게임입니다.
※い・な형용사 모두 사용할 수 있습니다.
② A：「ここから とおくて」→ B：「高(たか)くて」→ A：「有名(ゆうめい)で」→ B：「けしきが きれいで」… 만약 더 이상 만들 수 없으면, 그 사람이 집니다.

Q チリ山は どんな ところですか。

(예)
ここから とおくて
高(たか)くて
有名(ゆうめい)で
けしきが きれいで
…まけた(졌다)

질문목록

Q1
ソウルは
どんな ところですか。

Q2
かんこくは
どんな 国(くに)ですか。

Q3
＿＿＿＿ さんは
どんな 人(ひと)ですか。

참고어휘

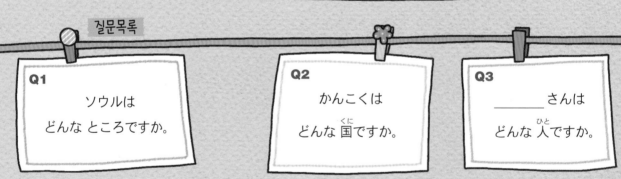

- 大(おお)きい 크다
- せまい 좁다
- 人(ひと)が おおい 사람이 많다
- にぎやかだ 번화하다

- あたまが いい 머리가 좋다
- せが たかい 키가 크다
- しんせつだ 친절하다
- 有名(ゆうめい)だ 유명하다

- まじめだ 성실하다
- からい りょうりが すきだ
  매운 요리를 좋아하다
- ふゆは さむい 겨울은 춥다

文化

일본의 음식

일본도 한국과 같이 사계절이 있으며 다양한 자연환경의 혜택으로 독특한 전통 음식 문화가 태어났습니다. 옆의 표는 일본을 방문한 외국인들이 선정한 '실제로 먹었던 음식 중 맛있었던 요리' 랭킹입니다. 일식이라고 하면 '초밥(스시)', 메밀국수(소바)'도 유명하지만, 이 조사에서는 '초밥'은 13위, '메밀국수'는 15위였습니다. 여러분들은 어떤 음식을 좋아하나요? 다음 사진을 보며 먹어본 음식을 말해봅시다.

(2013년도에 '일식(和食(わしょく))'이 '유네스코 무형문화유산'으로 등록되었습니다.)

관광객이 먹어본 맛있는 음식 Top 10

1위 : 라멘 (ラーメン)
2위 : 생선회 (さしみ)
3위 : 돈까스 (とんかつ)
4위 : 김밥 (まきずし)
5위 : 튀김 (てんぷら)
6위 : 생선 구이 (やきざかな)
7위 : 카레라이스 (カレーライス) / 야키니쿠 (やきにく)
8위 : 오코노미야키 (おこのみやき) / 스키야키 (すきやき)
(출처 : 잡지 『HOT PEPPER』)

メニュー

Tip メニュー : 메뉴

08 韓国人ですから。

かんこくじん

🎧 23

❷ ごちゅうもんは おきまりですか。

❶ すみません。

❸ カレーの からくちを ひとつ、まぐろどんを ひとつ、ハンバーグセットを みっつ ください。それから、しょくじの 後(あと)で、ケーキも おねがいします。

❹ かしこまりました。しょうしょう おまちください。

❺ ジフンさんは からい ものが すきですね。

❻ 韓国人(かんこくじん)ですから。

単語					
·ちゅうもん	주문	·まぐろどん	참치덮밥	·かしこまりました	알겠습니다(주로 손님에게)
·おきまりですか	정하셨습니까?	·ハンバーグ	햄버거 스테이크	·しょうしょうおまちください	
·からくち	매운맛	·セット	세트		잠시만 기다려 주십시오

韓国人ですから。 69

ポイント

❀ 〜から (이유)

'から'는 '~때문에'의 뜻으로 이유를 나타냅니다. 'から' 뒷부분의 내용을 서로 알고 있을 경우에는 '~ですから.'(~하기 때문에요.) 처럼 뒷 문장을 생략할 수 있습니다.

A : どうして いそがしいですか。
　　왜 바쁩니까?

B : 週まつも かいしゃに 行きますから。(いそがしいです)
　　주말에도 회사에 가기 때문에요.(바쁩니다)

A : どうして 本を かいませんでしたか。
　　왜 책을 사지 않았습니까?

B : 高かったですから、かいませんでした。/ 高かったですから。
　　비쌌기 때문에 사지 않았습니다. / 비쌌기 때문에요.

*아래 문장을 읽어보고 알맞은 것끼리 이어서 문장을 완성해보세요.

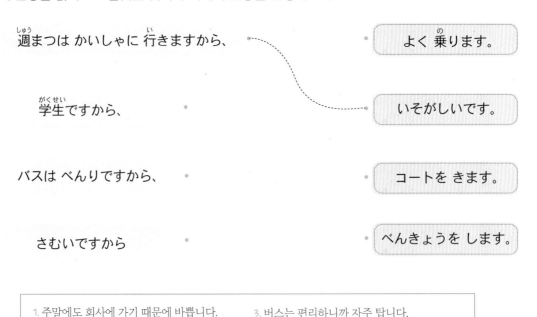

週まつは かいしゃに 行きますから、　　　・　　　・　よく 乗ります。

学生ですから、　　　・　　　・　いそがしいです。

バスは べんりですから、　　　・　　　・　コートを きます。

さむいですから　　　・　　　・　べんきょうを します。

1. 주말에도 회사에 가기 때문에 바쁩니다.	3. 버스는 편리하니까 자주 탑니다.
2. 학생이기 때문에 공부를 합니다.	4. 춥기 때문에 코트를 입습니다.

単語　 週 しゅうまつ 주말　　 かいしゃ 회사　　 コート 코트

❀ 명사+の前に / 명사+の後で ~전에 / ~후에

じゅぎょうの 前に トイレに 行きます。
수업 전에 화장실에 갑니다.

あさごはんの 後で、ゆうえんちに 行きます。
아침식사 후에 놀이공원에 갑니다.

❀ ～よ・～ね(종조사)

'～よ・ね'는 문장 끝에 붙어서 감탄이나 확인 등을 나타내는 종조사입니다. '～よ'는 상대가 모르는 정보를 알려줄 때, '～ね'는 말하는 사람과 듣는 사람의 생각이 같은지 확인하거나 동의를 구할 때 사용합니다.

よ

A：バスが 来ますよ。
B：えっ。本当ですか。

A : 버스가 와요. B : 네? 정말이에요?

A：じゅぎょうは 2時からですか。
B：3時からですよ。

A : 수업은 2시부터예요? B : 3시부터예요.

ね

A：カレーと サラダを ひとつ ください。
B：はい。カレーと サラダですね？

A : 카레랑 샐러드 하나 주세요. B : 네. 카레랑 샐러드죠?

A：おもしろい えいがでしたね。
B：本当に おもしろかったですね。

A : 재미있는 영화였네요. B : 정말 재미있었죠~.

単語

TOILET
トイレ
화장실

ゆうえんち
놀이공원

サラダ
샐러드

韓国人ですから。 71

練習問題

1 예와 같이 질문에 대해 ～から를 써서 답하세요.

예 いつも げんきですね。どうしてですか。
（ごはんを たくさん 食べる）
→ ごはんを たくさん 食べますから。

❶ このかしゅは 人気が ありますね。どうしてですか。
（うたが 上手だ）
→ _____

❷ キムさんは ラーメンが すきですね。どうしてですか。
（おいしい）
→ _____

❸ どうして 今日は いそがしいですか。
（やくそくが ある）
→ _____

2 문장을 읽고 그림 a, b에 동작의 순서대로 번호를 쓰세요.

❶  じゅぎょうの 前に べんとうを 食べます。　　❷ ゆうごはんの 後で テレビを 見ます。

ⓐ ☐　　ⓑ ☐　　　　ⓐ ☐　　ⓑ ☐

単語　　べんとう
도시락

聞き取り

1 잘 듣고 알맞은 것끼리 선으로 연결하세요.

❶ ねぼうしましたから   •

❷ かぜを ひきましたから   •

❸ じゅぎょうが ありませんから •

❹ 明日<ruby>あした</ruby>テストですから   •

• ⓐ 家<ruby>いえ</ruby>で ねました。

• ⓑ ひまです。

• ⓒ べんきょうします。

• ⓓ あさごはんを 食<ruby>た</ruby>べませんでした。

2 두 사람은 생일에 무엇을 합니까? 잘 듣고 알맞은 것을 찾아 기호를 쓰세요.

おざきさん

キムさん

単語 かぜを ひく   감기에 걸리다   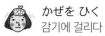 ねぼうする   늦잠자다

やってみよう

はい　　　いいえ

🌸 인터뷰 게임2 ➡ 준비물 : 동전

게임 방법

① 두 사람이 짝을 이룹니다. 아래 질문 ①~⑤를 서로 묻고 답하세요. 대답할 때는 から를 사용해야 합니다.
② 동전을 던져서 앞면이 나오면 はい, 뒷면이 나오면 いいえ로 답하세요.

こんしゅう
今週は いそがしいですか。

はい。テストが ありますから、
いそがしいです。

いいえ。テストが ありませんから、
いそがしくありません。

① がっこう
学校は たのしいですか。

② よく タクシーに 乗りますか。

③ スポーツが すきですか。

④ よく ファストフードを 食べに 行きますか。

⑤ いつも あさごはんを 食べますか。

참고표현

· 友(とも)だちが いる 친구가 있다
· べんきょうが たいへんだ 공부가 힘
　들다
· べんりだ 편리하다
· お金(かね)が ない 돈이 없다
· たのしい 즐겁다
· スポーツが にがてだ 운동을 못하다
· やすい 싸다
· おいしくない 맛없다
· おなかが すく 배가 고프다
· 時間(じかん)が ない 시간이 없다

| 単語 | タクシー 택시 | スポーツ 스포츠, 운동 | ファストフード 패스트 푸드 | にがてだ 서투르다 | お金かね 돈 |

한국과 일본의 상차림

한국과 일본의 상차림은 무엇이 다를까요? 다음 질문에 답하며 여러 의견들을 나누어봅시다.

1️⃣ 요리의 색깔은 어떤가요?

2️⃣ 반찬 종류는 어떤가요?

3️⃣ 젓가락과 숟가락을 놓는 방향은 어떤가요?

4️⃣ 젓가락이나 숟가락의 재질은 어떤가요?

한국	일본

❶ もしもし、ジフンさん、そらです。
どこに いますか。

❷ 今、駅の しゃしんを とって
います。そらさんは？

単語						
・もしもし	여보세요	・~ばん	~번	・そっち	그쪽
・しゃしんを とる	사진을 찍다	・出口でぐち 출구 ←→入口いりぐち 입구		・まつ	기다리다
・ベンチ	벤치	・ちかく	근처	・あとで	이따가, 나중에 (봐요)

しゃしんをとっています。　77

ポイント

🌸 동사 て형 +て(で)います ~하고 있습니다 (현재진행)

동사 て형에 'て(で)います'를 붙이면 '~하고 있습니다'의 뜻으로 지금 현재 진행중인 동작을 나타냅니다.
부정문은 '〜て(で)いません'(~하고 있지 않습니다).

A : 今、何を しています か。   지금 무엇을 하고 있습니까?

B : 本を 読んでいます。   책을 읽고 있습니다.

> 참고 부정 표현 : 本を 読んでいません。(책을 읽고 있지 않습니다.)

＊동사 て형을 확인하고 ～ています로 바꾸어 말해보세요.

1그룹동사	かう	→	かって	あそぶ	→	あそんで
	まつ	→	まって	書く	→	書いて
	かえる	→	かえって	およぐ	→	およいで
	よぶ	→	よんで	話す	→	話して
	読む	→	読んで	*行く	→	行って 예외
2그룹동사	見る	→	見て	おきる	→	おきて
	食べる	→	食べて	ねる	→	ねて
3그룹동사	来る	→	来て	する	→	して

何を していますか。

本を 読む

あるく

シャワーを する

🌸 でんわを かけましょう 전화를 걸어봅시다.

전화를 걸고 받을 때 사용하는 기본표현을 익혀봅시다. 전화를 끊을 때는 "じゃあ、また(다음에 봐요)" 또는 "しつれいします(실례합니다)"라고 합니다. "じゃあ、また"는 친구끼리도 쓸 수 있는 편리한 표현입니다.

① 여보세요.
시마다예요.

② 여보세요.
리나예요.

① もしもし。しまだです。

② もしもし。リナです。

③ 리나 씨, 지금
뭐 하고 있어요?

④ 가족과 쇼핑
하고 있어요.

③ リナさん、今 何を していますか。

④ かぞくと かいものを しています。

⑤ 그래요? 그럼
다음에 만나요.

⑥ 미안해요.
그럼 다음에 봐요.

⑤ そうですか。じゃあ、また
こんど あいましょう。

⑥ すみません。じゃあ、また。

⑦ 들어가세요.

⑦ しつれいします。

 単語

しつれいします
실례하겠습니다, 들어가세요(전화를 끊을 때)

練習問題

1 그림을 보고 ⑩와 같이 ~て(で)います로 말해보세요

今、何を して いますか。

⑩ ごはんを 食べて います。	①	②
③	④	⑤
⑥	⑦	⑧

ごはんを 食べる

うたを うたう

べんきょうを する

はしる

テレビを 見る

おふろに 入る

おんがくを きく

しゃしんを とる

かいものを する

単語

はしる
달리다

おふろに 入はいる
목욕을 하다

聞き取り

1 두 사람이 전화통화를 하고 있습니다. 잘 듣고 해당하는 그림을 찾아 기호를 쓰세요.

ⓐ 家^{いえ}で あそんでいる　　ⓑ 友^{とも}だちを まっている

ⓒ テレビを 見^みている　　　ⓓ べんきょうを している

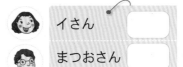

イさん　[　　]

まつおさん　[　　]

2 잘 듣고 빈칸에 들어갈 표현을 넣어 대화를 완성하세요.

> ⓐ しつれいします　　ⓑ もしもし　　ⓒ また こんど
> ⓓ しょくじを しています　　ⓔ えを かいています
> ⓕ かいものを しています

まえだ : ① [　　　　　]、アンさん。まえだです。

アン : あ、まえださん。こんにちは。

まえだ : アンさん、今^{いま}、何^{なに}を していますか。

アン : デパートで ② [　　　　　]。まえださんは？

まえだ : 家^{いえ}で ③ [　　　　]。
　　　　今日^{きょう}の よる、しょくじに 行^いきませんか。

アン : すみません。今日^{きょう}は ちょっと…。来週^{らいしゅう}は どうですか。

まえだ : いいですよ。じゃあ、また でんわします。

アン : すみません。じゃあ、④ [　　　　　]。

しゃしんをとっています。　81

やってみよう

✿ 빙고 게임

게임 방법

① 두 사람이 짝을 이룹니다.
② 아래 [리스트]에 있는 ①~⑮ 문장을 ～て(で)います로 바꾸고, [빙고카드]에 무작위로 15개의 문장을 모두 쓰세요.
③ 아래 그림과 같이 교대로 하나씩 ～て(で)います로 바꾼 문장을 말하고 읽은 문장은 ◯ 를 칩니다.
④ 가로, 세로, 대각선 등 어느 방향이든 3개의 열을 먼저 맞춘 사람이 이깁니다.

リスト

예) 本を読む

① ねる

② うみで およぐ

③ シャワーを する

④ テレビを 見る

⑤ おふろに 入る

⑥ えを かく

⑦ おちゃを のむ

⑧ 手を あらう

⑨ 友だちを まつ

⑩ クッキーを 作る

⑪ あさごはんを 食べる

⑫ うんどうじょうを はしる

⑬ みちを あるく

⑭ 友だちと 話す

⑮ 外で あそぶ

本を 読んでいます。

읽은 문장은
동그라미하세요.

ねて
います

本をよんで
います

BINGO!

単語
 手て / 손
 あらう / 씻다
 うんどうじょう / 운동장
 みち / 길
 外そとであそぶ / 밖에서 놀다

単語	·お上手じょうずですね	능숙하시네요	·毎まいあさ	매일 아침
	·しごと	일	·すごいですね	대단하시네요

ポイント

✿ 동사 て형 +て(で)います ~고 있습니다 (상태, 습관)

9과에서는 현재 진행의 'て(で)いる'를 배웠고, 이 과에서는 상태나 습관을 나타내는 'て(で)いる'용법에 대해 배워봅시다.

・わたしは プサンに すんでいます。 저는 부산에 살고 있습니다. <상태>

・毎日、日本語を べんきょうしています。 매일 일본어를 공부하고 있습니다. <습관>
　まいにち　にほんご

참고 부정 표현은 ~て(で)いません (~지 않습니다)

＊자기 소개글을 읽어보고 ～ています로 표현된 부분을 찾아보세요.

わたしは すずきそらです。
東京に すんでいます。 にし中学に かよっています。
とうきょう　　　　　　　　ちゅうがく

すきな かもくは びじゅつです。

どうぞ よろしく おねがいします。

저는 스즈키 소라입니다. 도쿄에 살고 있습니다.
니시중학교에 다니고 있습니다. 좋아하는 과목은 미술입니다.
잘 부탁합니다.

わたしは ジョン・ミンホです。
高校で 英語を おしえています。
こうこう　えいご

けっこんしています。 うたが とくいです。

どうぞ よろしく おねがいします。

저는 전민호입니다. 고등학교에서 영어를 가르치고 있습니다.
결혼했습니다. 노래를 잘합니다.
잘 부탁합니다.

주의 '잘합니다'라고 할 때 上手(じょうず)です는 다른 사람이 잘하는 것에 대해 사용하고, とく
いです는 자신이 잘하는 것에 대해 사용합니다.

単語	・すむ 살다	・かもく 과목	・英語えいご 영어	・とくいだ 잘하다
	・かよう 다니다	・びじゅつ 미술	・けっこんする 결혼하다	

＊예와 같이 ～ています로 바꾸어 말해보세요.

예

안경을 쓰고 있다

めがねを かける
→ めがねをかけています

① 날씬하다

やせる
→

② 뚱뚱하다

ふとる
→

③ 기모노를 입고 있다

きものを きる
→

10

④ 배가 고프다

おなかが すく
→

⑤ 차를 갖고 있다

<ruby>車<rt>くるま</rt></ruby>を もつ
→

⑥ 대학에서 일하고 있다

<ruby>大学<rt>だいがく</rt></ruby>で はたらく
→

⑦ 매일 약을 먹고 있다

<ruby>毎日<rt>まいにち</rt></ruby>くすりを のむ
→

✿ しっています와 しりません

'しる'는 '알다'라는 뜻의 동사인데, '알아요'라고 할 때는 'しっています'라고 합니다. 단, 현재부정형은 'しりません'이라고 하므로 이 두 표현은 세트로 기억하는 것이 좋습니다.

かしゅの「あつし」を
しっていますか。
가수 '아츠시' 알아요?

はい。しっています。
예. 알고 있습니다.

いいえ。しりません。
아니요. 모릅니다.

単語	・めがねを かける 안경을 쓰다	・きもの 기모노 ※일본의 전통 의상	・もつ 가지다
	・やせる 살이 빠지다	・おなかが すく 배가 고프다	・はたらく 일하다
	・ふとる 살찌다	・車くるま 자동차	・くすりを のむ 약을 먹다

練習問題

1 주어진 표현을 사용하여 ～(で)います로 묘사해보세요.

じゅんさん

① ふとる　　② めがねを かける　　③ 毎日 はしる

❶ → _____

❷ → _____

❸ → _____

ももさん

④ やせる　　⑤ Tシャツを きる　　⑥ バッグを もつ

❹ → _____

❺ → _____

❻ → _____

2 마에다 씨가 자기소개를 하고 있습니다. ①～⑤를 ～て(で)います로 바꾸어 빈칸에 쓰세요.

わたしは まえだ よしむねです。とうきょうに ①すみます。きた中学に ②かよいます。
わたしは 食べる ことが すきです。おいしい 店も たくさん ③しります。
しょうらいは パティシエに なりたいです。それで、毎週 おかしを ④作ります。
かぞくは 3人です。父は デパートで ⑤はたらきます。母は りょうりが 上手です。
どうぞ よろしく おねがいします。

❶ [   ]　　❷ [   ]　　❸ [   ]

❹ [   ]　　❺ [   ]

単語　パティシエ　파티쉐 (제과류를 만드는 직업)

毎週まいしゅう　매주

1 네 사람이 각자 자기소개를 하고 있습니다. 잘 듣고 빈칸에 들어갈 내용을 히라가나로 쓰세요.

❶ わたしは、わたなべいつこです。 いしゃを しています。 ⓐ _____。

❷ わたしは、アンヨンファンです。

きた ⓑ _____ に かよっています。

❸ わたしは、かみじょうしほです。 レストランで はたらいています。

しゅみは ⓒ _____ です。 毎週、日よう日に ⓓ _____。

❹ わたしは、チョカンヒです。 小学６年生です。 ⓔ _____ が とくいです。

しょうらいは ⓕ _____ に なりたいです。

10

2 잘 듣고 누군지 찾아 그림의 기호를 쓰세요.

❶ おのさん ⤳▸ [　]   ❷ キムさん ⤳▸ [　]

❸ まえださん ⤳▸ [　]   ❹ ジョンさん ⤳▸ [　]

ⓐ   ⓑ   ⓒ   ⓓ

 せいふく
교복

やってみよう

✿ 자기 소개 게임

게임 방법

① 먼저 아래 표에 자기 소개 내용을 씁니다.
② 다음에 짝을 이루어 서로 자기소개를 합니다.
③ 상대방에 대해 궁금한 것을 3개 이상 질문해 보세요.

자기 소개~♡

예) **なまえ** (이름)

とし (나이)

学校、学年 (학교, 학년)
がっこう がくねん

すんでいる ところ (사는 곳)

とくいな こと (특기)

しょうらいの ゆめ (장래의 꿈)

질문 Tip

① 何さいですか。
なん

② どこに すんでいますか。

③ とくいな ことは 何ですか。
なん

④ すきな ものは 何ですか。
なん

⑤ しょうらいの ゆめは 何ですか。
なん

⑥ かぞくは 何人ですか。
なんにん

単語	しょうらい	ゆめ
	장래	꿈

일본 관광객이 많이 찾는 도쿄의 관광지는 어디일까요?
전철을 타고 다음 장소를 찾아가보는 것도 재미있겠지요~!

はらじゅく(原宿) 하라주쿠

JR하라주쿠역 주변 지역을 말합니다. 젊은이들의 패션 거리로
유명합니다. 하라주쿠의 메인 스트리트인 '다케시타 거리'에는
옷 가게, 잡화점 등이 많이 있습니다.

しぶや(渋谷) 시부야

젊은이의 거리로 도쿄를 대표하는 번화가 중에 하나입니다. 백
화점이나 PARCO, 109 등의 전문점, 음식점 등이 많이 있습니다.
시부야역 앞에는 '충견 하치코'의 동상이 있고 사람들이 만나는
장소로 유명합니다.

おだいば(お台場) 오다이바

도쿄를 대표하는 데이트 장소이며 관광지입니다. '오다이바 해
변 공원', 일본 최대급의 온천 테마파크인 '오에도 온센 모노 가타
리', 대 관람차, 쇼핑 센터 등 다양한 엔터테인먼트를 즐길 수 있
습니다.

あきはばら(秋葉原) 아키하바라

세계 최대 규모의 전자제품, 컴퓨터 거리로 유명한 지역입니다.
또 애니메이션, 게임 문화와 피규어 판매 등도 유명하고, '메이
드' '오타쿠' 등 다양한 오타쿠 문화의 중심지입니다.

＊'오타쿠'란 만화나 애니메이션 등과 같은 한 분야에 마니아 이상으로 심취한
  사람을 이르는 말입니다.

11 ぎんざせんに乗ってから、山手せんに 乗りかえてください。

① すみません。はらじゅくに 行きたいん ですが、どうやって 行けば いいですか。

② ここから ぎんざせんに 乗ってから しぶや駅で 山手せんに 乗りかえて ください。そして、はらじゅく駅で おりてください。

❸ わかりました。
ありがとうございました。

11

❺ クレープを 食べてから、カフェで 休んで、
パンケーキの 店に 行きましょう。

❹ そらさん、はらじゅくで
何を しましょうか。

❻ たぶん、そらさんの
しゅみは 食べあるき
ですね。

単語						
·ぎんざせん	긴자선(노선 이름)	·クレープ	크레페	·わかりました	알겠습니다
·山手せん	야마노테선	·おりる	내리다	·たぶん	아마
·乗りかえる	갈아타다	·パンケーキ	팬케이크	·食べあるき	맛집 탐방

ポイント

✿ 동사 て형 +て(から) ~하고, ~하고 나서 (순서)

동사 て형에 「て(から)」를 붙이면 '~하고' '~하고 나서'의 뜻으로 동작의 순서를 나타냅니다.

> 아침에 일어나서 무엇을 했습니까?

> 옷을 입고 나서 세수를 하고 밥을 먹었습니다.

A : あさ おきてから、何を しましたか。

B : ふくを きてから、かおを あらって、ごはんを 食べました。

＊다음 길찾기 예문을 참고하여 가고자 하는 역까지 묻고 답해보세요. 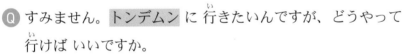 서울역

길찾기1

Q すみません。 トンデムン に 行きたいんですが、どうやって
行けば いいですか。

저기요. 동대문으로 가고 싶은데, 어떻게 가요?

A ここから 4ごうせん に 乗って、トンデムン 駅で おりて
ください。

여기서 4호선을 타고 동대문역에서 내리세요.

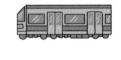
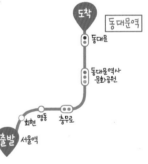

	①	②	③
목적지	トンデムン 동대문	ミョンドン 명동	シチョン 시청
노선	4ごうせん 4호선	4ごうせん 4호선	1ごうせん 1호선
내리는역	トンデムン駅 동대문역	ミョンドン駅 명동역	シチョン駅 시청역

길찾기2 환승역이 있는 경우

Q すみません。 キョンボックン に 行きたいんですが、 どうやって 行けば いいですか。 저기요. 경복궁에 가고 싶은데, 어떻게 가요?

A ここから 1ごうせん に 乗ってから、チョンノ3ガ駅で 3ごうせん に 乗りかえてください。
そして、 キョンボックン 駅で おりてください。

여기서 1호선으로 타고 종로3가역에서 3호선으로 갈아타세요.
그리고 경복궁역에서 내리세요.

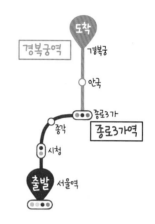

목적지	キョンボックン 경복궁
노선	1ごうせん ⇨ 3ごうせん 1호선 ⇨ 3호선
내리는역	キョンボックン駅 경복궁역

환승역 チョンノ3ガ 駅 종로3가역

11

～ますが / ～ですが、 ~합니다만 / ~입니다만,

뒷 문장의 보충 설명을 앞에 가져올 때 사용합니다.

明日 9時に 来ますが、 だいじょうぶですか。
내일 9시에 옵니다만, 괜찮습니까?

すみません、 ミョンドン駅に 行きたいんですが、
どうやって 行けば いいですか。
저기요, 명동역에 가고 싶은데, 어떻게 가면 되나요?

単語 ～ごうせん(号線) ~호선

練習問題

1 부산에서 자갈치시장으로 가는 방법을 물어보고 있습니다. 빈칸에 들어갈 말을 일본어로 바꾸세요.

Ⓐ すみません。チャガルチ^{자갈치}いちばに ① ＿＿＿＿＿＿＿＿＿、
　　　　　　　　　　　　　　　　　　　가고 싶습니다만
どうやって 行^いけば いいですか。

Ⓑ ここから1ごうせんに② ＿＿＿＿＿＿、ソミョン^{서면}駅^{えき}で 2ごうせんに
　　　　　　　　　　　　타고 나서

③ ＿＿＿＿＿＿＿。そして、チャガルチ駅^{えき}で ④ ＿＿＿＿＿＿＿。
　갈아타세요　　　　　　　　　　　　　　　　　　내리세요

Ⓐ ありがとうございました。

乗^のりかえる　おりる　乗^のる　行^いく

2 ㉠ 와 같이 순서대로 말해보세요.

㉠
Q:今日^{きょう}の 朝^{あさ}は 何^{なに}を しましたか。
A:山^{やま}に のぼって、うんどうを して、家^{いえ}に かえって あさごはんを 食^たべました。

Q:＿＿＿＿さんは 何を しましたか。
A:[＿＿＿＿]、[＿＿＿＿]、[＿＿＿＿]、バドミントンを しました。

シャワーを する

ごはんを 食べる

はを みがく

バドミントンを する

単語　 いちば
시장

 山^{やま}に のぼる
등산하다

 はを みがく
이를 닦다

 バドミントン
배드민턴

聞き取り

1 관광객이 약수역에서 L 마트에 가는 방법을 묻고 있습니다. 잘 듣고 알맞은 답을 고르세요. ③④

① ヤクス^{약수}駅^{えき}から 何^{なん}ごうせんに 乗^のりますか。

ⓐ ２ごうせん　　　　　ⓑ ３ごうせん　　　　　ⓒ ４ごうせん

② どこで 乗^のりかえますか。

ⓐ 충무로역　　　　　ⓑ 서울역　　　　　ⓒ 약수역

③ どこで おりますか。

ⓐ 충무로역　　　　　ⓑ 서울역　　　　　ⓒ 약수역

11

2 소라 씨가 어제 했던 일을 이야기하고 있습니다. 잘 듣고 순서대로 기호를 쓰세요.

ⓐ　　　　　ⓑ　　　　　ⓒ　　　　　ⓓ

> 単語　何(なん)ごうせん
> 몇 호선

やってみよう

🖍 길찾기 게임　→ 준비물 : 서울 지하철 노선도

[게임 방법]
① 아래 대화를 참고하여 목적지①~⑥까지 가는 방법을 묻고 무슨 선을 타는지, 어디서 내리는지 기록을 합니다.
② 미션 리스트에 있는 목적지를 찾았다면 ◯를 칩니다.

すみません。トンデムンに 行きたいん
ですが、どうやって 行けば いいですか。

ここから 4ごうせんに 乗って、
トンデムン駅で おりてください。

ありがとうございました。

환승역이 있는 경우
ここから _____せんに 乗ってから、
_____駅で、_____せんに
乗りかえてください。
そして、_____駅で おりてください。

출발 : 서울역

예	トンデムン	동대문 : 4호선/동대문역
①	インサドン	인사동
②	ミョンドン	명동
③	カロスキル	가로수길
④	ナンデムン	남대문
⑤	チョンガク	종각
⑥	イテウォン	이태원

도쿄의 지하철은 '도쿄 메트로'와 '도영 지하철' 두 종류가
있습니다.
한국에서는 지하철 노선을 1호선, 2호선 등 '~호선'이라고
부르지만, 일본에서는 '긴자선' '아사쿠사선' 등 보통 지명
을 딴 이름으로 말합니다.
또 전철도 많이 운행하고 있으며, JR (일본 여객 철도회
사)선이나 민영 철도도 다수 있습니다.

특히 JR(일본의 철도 회사)선의 하나인 '야마노테선'은 도
쿄의 가장 붐비고 중요한 노선 중 하나입니다. 시부야, 신
주쿠, 이케부쿠로 등 주요 역이 있는 순환선 철도입니다.
도쿄 지하철이나 전철 노선은 복잡해서 일본 사람들도
도쿄 지하철 역에서 길을 잃는 경우가 종종 있습니다.

도쿄에 여행을 간다면 일일이 표를 살 필요없이 '지하철 1
일 승차권'이나 '지하철과 도쿄의 JR선 자유 이용 티켓' 등
을 판매하고 있으므로 이용해 보는 것도 좋겠습니다.

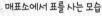
매표소에서 표를 사는 모습

도쿄의 전철

12 またかならず会おうね。

DEPARTURE

❶ そらさん、ぼくたち 友だちですから、
ため口で 話しませんか。

❷ もちろん いいですよ。あっ、いいよ。
こんどは わたしが 韓国に 行くね。

単語	·ぼくたち	우리들(남자만 사용)	·もう 時間です	시간이 다 됐습니다
	·ため口ぐち	반말	·かならず	반드시, 꼭
	·もう	이미, 벌써	·気を つけて	조심해서 잘 가요(인사말)

ポイント

❀ 동사 た형 +た(だ)ことが あります　~한 적이 있습니다 (경험)

'동사 た형(과거형)+ た(だ)ことが あります'는 '~한 적이 있습니다'라는 뜻으로 과거의 경험을 나타냅니다.
동사의 과거형 만드는 방법은 동사의 て형과 같습니다.

> 1그룹동사　기본형의 끝이 「う・つ・る」는 「った」, 「ぬ・ぶ・む」는 「んだ」, 「く」는 「いた」, 「ぐ」는 「いだ」, 「す」는 「した」로 바뀝니다.

> 2그룹동사　기본형의 끝 「る」를 떼고 「た」를 붙여줍니다.

> 3그룹동사　각각의 동사 모양을 외우면 됩니다.

＊동사 た형을 확인하고 ~た(だ)ことが あります로 바꾸어 말해보세요.

1그룹동사	いう	말하다	→	いった	말했다	いったことがあります
	まつ	기다리다	→	まった	기다렸다	まったことがあります
	のる	타다	→	のった	탔다	
	よむ	읽다	→	よんだ	읽었다	
	＊いく	가다	→	いった	갔다 예외	
2그룹동사	見る	보다	→	見た	보았다	
	食べる	보다	→	食べた	먹었다	
3그룹동사	来る	오다	→	来た	왔다	
	する	하다	→	した	했다	

はい。した ことが あります。
예, 한 적이 있습니다.

アルバイトを した ことが ありますか。
아르바이트를 한 적이 있습니까?

レストランで りょうりを
作りました。
식당에서 음식을 만들었어요.

何を しましたか。
무엇을 했나요?

単語　アルバイト
아르바이트

＊주어진 표현을 이용하여 ～た(だ)ことが あります로 바꾸어 말해보세요. ○ → 긍정형 Ｘ → 부정형

アルバイトを した ことが あります。

① アルバイトを する 아르바이트를 하다 → アルバイトを した ことが あります。

② KTXに 乗る KTX를 타다 →

③ きものを きる 기모노를 입다 →

④ 英語で 話す 영어로 말하다 →

⑤ すもうを 見る 스모를 보다 →

⑥ ペットを かう 애완동물을 기르다 →

| 単語 | すもう 스모(일본의 씨름) | ペット 애완 동물 | かう 기르다 |

ポイント

🌸 반말표현

일본어의 반말표현은 앞에서 익힌 보통체와 같습니다. 자연스러운 어감을 주기 위해 끝에 '〜よ', '〜ね', 'の' 등을 붙이기도 합니다. 남자말, 여자말이 따로 있는 표현도 있으므로 주의해서 익혀봅시다.

この 本、おもしろい？
이 책, 재미있어?

うん。おもしろい。
응. 재미있어.

ですます体(정중체)	반말(보통체)	
あついですか。	あつい?	더워?
かんたんですか。	かんたん?	간단해 ?
しますか。	する?	해?
いつですか/どこでですか/だれですか。	いつ/どこで/だれ?	언제/어디서/누구?
何ですか。	何?	뭐?
ありがとうございます。	ありがとう。	고마워.
すみません。	ごめん。	미안.
してください。	して。	해 줘.
しています。	してる。	하고 있어.
食べたいです。	食べたい。	먹고 싶어.
食べたことがありません。	食べたことがない。	먹은 적이 없어.
たいへんです。	たいへん。	힘들어.
友だちですか。	友だち?	친구야?

참고 보통, 기본형을 그대로 쓰면 반말이 되는 경우가 많습니다.

練習問題

1 예와 같이 (   )안의 한국어를 일본어로 바꾸어 회화문을 완성하세요.

예 A：インターネットショッピングを <u>した ことが あります</u>。

　　　　　　　　　　　　　　　　　　　　　（한 적이 있습니다）
　　 B：<ruby>何<rt>なに</rt></ruby>を <ruby>買<rt>か</rt></ruby>いましたか。

❶ A：<ruby>日本語<rt>にほんご</rt></ruby>で メールを ＿＿＿＿＿＿＿＿＿＿。（쓴 적이 있습니다）
　 B：だれに <ruby>書<rt>か</rt></ruby>きましたか。

❷ A：おさけを ＿＿＿＿＿＿＿＿＿＿。（마신 적이 없습니다）
　 B：どうしてですか。

❸ A：おかしを ＿＿＿＿＿＿＿＿＿＿。（만든 적이 있습니다）
　 B：<ruby>何<rt>なに</rt></ruby>を <ruby>作<rt>つく</rt></ruby>りましたか。

2 지훈과 소라가 SNS로 이야기를 하고 있습니다. ですます체(정중체)의 밑줄 친 부분을 반말로 바꾸세요.

ジフン　おはようございます。<ruby>今<rt>いま</rt></ruby>、 　　　　<ruby>何<rt>なに</rt></ruby>を しsていますか？	ジフン　＿＿＿＿＿＿。<ruby>今<rt>いま</rt></ruby>、<ruby>何<rt>なに</rt></ruby> してる？ 　　　　　　　①
そら　　テストべんきょうを <u>しています</u>。	そら　　テストべんきょうを＿＿＿＿。 　　　　　　　　　　　　　②
ジフン　べんきょう、<u>たいへんですか</u>。	ジフン　べんきょう、＿＿＿＿＿？ 　　　　　　　　　　③
そら　　<u>はい</u>。	そら　　＿＿＿＿。 　　　　　④
ジフン　がんばってください！	ジフン　がんばれ！
そら　　<u>ありがとうございます</u>。	そら　　＿＿＿＿＿＿。 　　　　　⑤

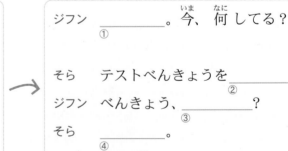

単語	インターネットショッピング 인터넷 쇼핑	メール 메일　　 おさけ 술

1 대화를 잘 듣고, 한 적이 있으면 **O**, 한 적이 없으면 **X** 표를 하세요.

2 잘 듣고 빈칸에 들어갈 말을 써 넣으세요.

　　そら　　：おはよう。おきた？

　　しゅん：うん。おはよう。

　　そら　　：今、ⓐ ＿＿＿＿＿＿＿＿＿＿？

　　しゅん：テレビを 見てるよ。そらは?

　　そら　　：まんがを ⓑ ＿＿＿＿＿＿＿＿＿。　テレビ、おもしろい？

　　しゅん：ううん。あまり ⓒ ＿＿＿＿＿＿＿＿＿。

　　そら　　：あ、ちょっと ⓓ ＿＿＿＿＿＿＿＿＿。おかあさんが 来た。

  コンサート
　　　　　　　콘서트

またかならず会おうね。 107

경험자를 찾아라

게임 방법

① 두 사람이 짝을 이룹니다.
② 아래 대화문을 참고하여 오른쪽 페이지의 질문지를 채워보세요. 빈칸은 자유롭게 자신이 질문을 만들어봅니다.
③ 질문을 했을 때 はい라고 대답하는 친구를 찾아야 합니다. 친구의 이름을 쓰고 두번째 질문의 답을 쓰세요.
④ 빈칸에는 자신이 직접 질문을 만들어서 물어보세요.

○さん、外国に 行った ことが ありますか。

はい。行った ことが あります。

どこへ 行きましたか。

タイに 行きました。

Q 질문항목

① 外国に 行った ことが ありますか。　　➡ どこへ 行きましたか。

② えいがを 見て、ないた ことが ありますか。　➡ えいがの タイトルは 何ですか。

③ 日本食を 食べた ことが ありますか。　　➡ 何を 食べましたか。

④ 日本の まんがを 読んだ ことが ありますか。　➡ まんがの タイトルは 何ですか。

⑤ 山に のぼった ことが ありますか。　　➡ どこへ 行きましたか。

⑥ _____

⑦ _____

⑧ _____

 外国がいこく
외국

 タイ
태국

 タイトル
타이틀

 日本食
にほんしょく
일식

Q1 **친구이름**

どこへ 行きましたか。

_ _

예 タイに 行きました。

_ _

Q2 **친구이름**

えいがの タイトルは 何ですか。

_ _

_ _

Q3 **친구이름**

何を 食べましたか。

_ _

_ _

Q4 **친구이름**

まんがの タイトルは 何ですか。

_ _

_ _

12

Q5 **친구이름**

どこへ 行きましたか。

_ _

_ _

Q6 **친구이름**

_ _

_ _

Q7 **친구이름**

_ _

_ _

Q8 **친구이름**

_ _

_ _

정답 ⋯➡ p.131

1 그림과 어울리는 문장을 선으로 이으세요.

 ❶ •

• a. えいがを 見に 行きます。

 ❷ •

• b. おちゃを のみに 行きます。

 ❸ •

• c. 日本へ りょこうに 行きます。

 ❹ •

• d. かいものを しに 行きます。

2 그림을 보고 빈칸에 알맞은 말을 쓰세요. (※ 히라가나로 쓰세요.)

 いくつ ありますか。

❶ りんごは _____ あります。

❷ ぼうしは _____ あります。

❸ かばんは _____ あります。

❹ リボンは _____ あります。

3 시계를 보고 답하세요. (※ 히라가나로 쓰세요.)

いま、何時ですか。

4 다음 문장을 일본어로 바꾸세요.

❶ 5시에 집을 나왔습니다.

→

❷ 어제 도서관에 갔습니다.

→

❸ 미나 씨를 만나지 않았습니다.

→

❹ 밤에 인터넷을 했습니다.

→

❺ 이번 주에 책을 읽었습니다.

→

종합문제

5 ( ) 안의 표현을 과거형으로 바꾸어 대화를 완성하세요.

❶ Ⓐ : 学校(がっこう)は どうでしたか。

Ⓑ : _____

(べんきょうが むずかしい)

❷ Ⓐ : ソウルは どうでしたか。

Ⓑ : _____

(ひとが おおい)

❸ Ⓐ : りょこうは どうでしたか。

Ⓑ : _____

(たのしい)

❹ Ⓐ : りょうりは どうでしたか。

Ⓑ : _____

(おいしくない)

6 ①~③의 밑줄친 부분을 과거형으로 바꾸고, 반대되는 말을 찾아 선으로 이으세요.

❶ えが 上手(じょうず)です。　　　•

　　　_____

❷ にくが きらいです。　　　•

　　　_____

❸ あめです。　　　•

　　　_____

• a. すきです

• b. はれです

• c. へたです

7 그림과 어울리는 문장의 기호를 써 넣으세요.

❶ 　❷ 　❸ 　❹

> a. いしゃです。 ごじゅっさいです。
>
> b. かしゅです。 じゅうはっさいです。
>
> c. しょうがく　１<ruby>年生<rt>いちねんせい</rt></ruby>です。
>
> d. よんじゅっさいです。 しゅふです。

8 다음 날짜를 일본어로 읽고 히라가나로 쓰세요.

❶ 1o / 15

❷ 4 / 24

❸ 7 / 1

❹ 9 / 19

종합문제

9 두 사람이 대화를 하고 있습니다. 아래 ①~④를 알맞은 형태의 권유문으로 바꾸어 대화를 완성하세요.

そら : キムさん、(かいものに 行く)。 <u>예</u>

　　　　　　　　　　　　　　　　　　かいものに 行きませんか。

キム : はい。どこに (行く)。 <u>①</u>

そら : Hデパートは どうですか。

キム : いいですね。なんじに (する)。 <u>②</u>

そら : 10時は どうですか。

キム : すみません。10時は ちょっと…。やくそくが

　　　あります。3時に (する)。 <u>③</u>

そら : はい。じゃあ、3時に (あう)。 <u>④</u>

10 두 사람의 대화에 알맞은 일본어를 하나씩 고르세요.

김상의 취미는 뭐예요?　　　책을 읽는 것입니다.

a. キムさんの しゅみは なんですか。

b. キムさんの しゅうみは なんですか。

c. キムさんの しゅうみは なにですか。

답 ☐

a. 本を よみます ことです。

b. 本を よむ ことです。

c. 本を よむです。

답 ☐

11 주어진 단어를 이용하여 하나의 문장으로 만들어 보세요.

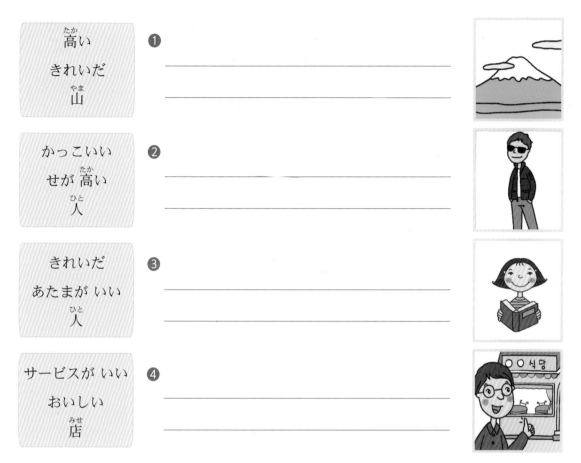

高_{たか}い きれいだ 山_{やま}	❶	_____ _____

高い
きれいだ
山^{やま}
❶ _____
_____

かっこいい
せが 高い^{たか}
人^{ひと}
❷ _____
_____

きれいだ
あたまが いい
人^{ひと}
❸ _____
_____

サービスが いい
おいしい
店^{みせ}
❹ _____
_____

12 질문을 읽고 주어진 표현을 이용하여 ～から로 답하세요.

❶ Ⓐ キムさんは ラーメンが すきですね。どうしてですか。(おいしい)

　 Ⓑ _____

❷ Ⓐ このかしゅは 人気^{にんき}が ありますね。どうしてですか。(うたが じょうずだ)

　 Ⓑ _____

❸ Ⓐ どうして ひまですか。(じゅぎょうが ない)

　 Ⓑ _____

❹ Ⓐ どうして べんきょうしますか。(明日^{あした}、テストだ)

　 Ⓑ _____

종합문제

13 그림을 보고 바르게 설명한 것을 고르세요.

❶

a. じゅぎょうの まえに べんとうを 食べます。

b. じゅぎょうの あとで べんとうを 食べます。

❷

a. ゆうごはんの まえに テレビを 見ます。

b. ゆうごはんの あとで テレビを 見ます。

14 그림을 보고 ～て(で)います를 사용하여 답하세요.

いま、なにを していますか。

15 그림을 보고 ～て(で)います로 묘사해보세요.

① やせる　　　　　　　→

② Tシャツを きる　　→

③ バッグを もつ　　　→

④ ソウルに すむ　　　→

⑤ デパートで はたらく　→

종합

16 서울에서 경복궁으로 가는 방법을 물어보고 있습니다. ①~④의 한국어를 일본어로 바꾸세요.

Ⓐ すみません。キョンボックンに (가고 싶습니다만),
　　①
　どうやって 行けば いいですか。

Ⓑ ここから 1ごうせんに (타고나서)、チョンノ3ガえきで
　　　　　　　　　　　②
　3ごうせんに (갈아타세요)。
　　　　　③
　そして、 キョンボックンえきで (내리세요)。
　　　　　　　　　　　　　　　④

Ⓐ ありがとうございました。

①

②

③

④

17 다음 한국어를 일본어로 옮기세요.

❶  KTX를 탄 적이 있습니다.

❷  과자를 만든 적이 없습니다.

❸  영어로 말한 적이 있습니다.

❹  기모노(きもの)를 입은 적이 있습니다.

❺  스모(すもう)를 본 적이 없습니다.

18 다음 문장을 반말로 바꾸세요.

❶ おはようございます。 →

❷ おもしろいです。 →

❸ ありがとうございます。 →

❹ はい。 →

❺ べんきょうしています。 →

부록

스크립트와 정답

01 일본에 놀러 갑니다. p.10

지훈 : 소라 씨, 나 이번에 일본에 놀러 가요.

소라 : 어! 정말요? 그럼 우리 집에서 묵으세요!

지훈 : 고마워요! 선물은 뭐가 좋아요?

소라 : 아무거나 괜찮아요.

지훈 : 한국 아이돌의 달력은 어때요?

소라 : 우와! 그럼 두 개 부탁해요.

ポイント p.12

① 日本(にほん)へりょこうに行(い)きます。

② 友(とも)だちと カフェへ おちゃを のみに行(い)きます。

③ 英語(えいご)をべんきょうしに行(い)きます。

練習問題 p.14

1. ① カレーを食(た)べに行(い)きます。

   ② ふくをかいに行(い)きます。

   ③ [えいがかんへ]えいがを見(み)に行(い)きます。

   ④ 日本(にほん)へりょこうに行(い)きます。

2.

たまねぎ	1	いっこ/ひとつ
じゃがいも	3	さんこ/みっつ
トマト	5	ごこ/いつつ
りんご	10	じゅっこ
すいか	4	よんこ/よっつ
みかん	2	にこ/ふたつ
ドーナツ	6	ろっこ/むっつ

① さんこ(みっつ)あります。

② 예 A : ドーナツはいくつありますか。

   B : ろっこ(むっつ)あります。

聞き取り p.15

1.

① そら 1 7

② ジフン 3 2

Script

ジフン : そらさん、家(いえ)にぼうしがなんこありますか。

そら : ひとつあります。ジフンさんは？

ジフン : ぼくはみっつあります。

そら : じゃあ、バッグはいくつありますか。

ジフン : ぼくは、ふたつあります。そらさんは？

そら : ななこ(ななつ)あります。

2. ① c ② b ③ b

Script

① A : 何(なに)を食(た)べに行(い)きますか。

   B : ケーキを食(た)べに行(い)きます。

② A : りんごが食(た)べたいです。

   B : なんこ食(た)べますか。

   A : ふたつおねがいします。

③ A : そらさんは、明日(あした)何(なに)をしますか。

   B : 友(とも)だちとえいがを見(み)に行(い)きます。

02 몇 시에 집을 나왔어요? p.18

지훈 : 오랜만입니다. 다들 잘 지내셨나요?

소라 : 네. 감사합니다.

소라 : 지훈 씨는 잘 지냈어요?

지훈 : 네. 물론이죠!

소라 : 오늘은 몇 시에 집을 나왔어요?

지훈 : 아침 5시 10분에 집을 나왔어요. 아침도 안 먹었어요.

ポイント p.20〜21

かいました	かいませんでした
読(よ)みました	読(よ)みませんでした
かえりました	かえりませんでした
見(み)ました	見(み)ませんでした
おきました	おきませんでした
来(き)ました	来(き)ませんでした
しました	しませんでした

① 今日(きょう)は読(よ)みませんでした。

でも、昨日(きのう)は読(よ)みました。

② 昨日(きのう)はゲームをしました。

でも、今日(きょう)はしませんでした。

③ 先月(せんげつ)はあいました。

でも、今月(こんげつ)はあいませんでした。

練習問題 p.22

① 8時半(はちじはん)に家(いえ)を出(で)ました。

② 11時(じゅういちじ)45分(よんじゅうごふん)にきょうしつのそうじをしました。

③ 3時(さんじ)10分(じゅっぷん)に家(いえ)にかえりました。

④ 5時(ごじ)に友(とも)だちとうんどうをしました。

⑤ 9時(くじ)にパソコンでインターネットをしました。

聞き取り p.23

1.

ⓓ → ⓑ → ⓐ → ⓒ

Script

きのうは、まず、あさ9時(くじ)30分(さんじゅっぷん)にとしょかんにいきました。そして、家(いえ)にかえりました。12時(じゅうにじ)にごはんを食(た)べました。よるはインターネットをしました。

2. ① ○　② ✗　③ ○

Script

バク：キムさん、どこにりょこうに行(い)きましたか。

キム：日本(にほん)に行(い)きました。

バク：そうですか。わたしも行(い)きました。キムさんはいつ行(い)きましたか。

キム：今年(ことし)行(い)きました。バクさんは？

バク：わたしは去年(きょねん)行(い)きました。また行(い)きたいです。

º³ 아주 맛있었어요. p.26

소라 : 오랜만에 일본은 어때요?

지훈 : 좋아요. 계속 일본에 오고 싶었어요.

소라 : 지훈 씨, 일본에서 무엇을 하고 싶어요?

지훈 : 음. 오코노미야키를 먹으러 가고 싶어요. 아주 맛있었어요.

소라 : 다른 건요?

지훈 : 그리고 목욕탕에도 가고 싶어요. 엄청 기분이 좋았어요.

ポイント p.28〜29

からかったです	からくありませんでした
ひくかったです	ひくくありませんでした
あかかったです	あかくありませんでした
あまかったです	あまくありませんでした
あたたかかったです	あたたかくありませんでした
よかったです	よくありませんでした

a. おもしろかったです

b. むずかしかったです

c. おいしかったですか

d. おいしくありませんでした（おいしくなかったです）

e. おおかったですか

f. すくなかったです

정답

스크립트와 정답

練習問題 p.30

① むかしはえきがちかかったです。

　　でも、今(いま)はとおいです。

② むかしはせいせきがよかったです。

　　でも、今(いま)はせいせきがわるいです。

③ むかしはへやがせまかったです。

　　でも、今(いま)はへやが広(ひろ)いです。

④ むかしはうるさかったです。

　　でも、今(いま)はしずかです。

聞き取り p.31

1. ① b 　② c 　③ c

> Script

① 男：みわさん、きのうはいそがしかったですか。

　　女：はい。とてもいそがしかったです。

② 男：まきさん、むかし、かみはくろかったですか。

　　女：いいえ。ちゃいろかったです。

③ 男：中国(ちゅうごく)はどうでしたか。

　　女：あまり、さむくありませんでした。あたたかかったです。

2. わたし 　b

　　えりこ 　c

　　ゆき 　a

> Script

女　わたしはいちばんせがたかかったです。えりこはとてもかみがながかったです。ゆきはいちばんせがひくかったです。

やってみよう p.32

① はやかったですか

　　a. はい。あしがはやかったです。

　　b. いいえ。あしがはやくありませんでした。

② 高(たか)かったですか

　　a. はい。高(たか)かったです。

　　b. いいえ。高(たか)くありませんでした。

③ おもしろかったですか

　　a. はい。おもしろかったです。

　　b. いいえ。おもしろくありませんでした。

④ やさしかったですか

　　a. はい。やさしかったです。

　　b. いいえ。やさしくありませんでした。

⑤ とおかったですか

　　a. はい。とおかったです。

　　b. いいえ。とおくありませんでした。

04 아주 조용했어요. p.34

소라 : 지훈 씨, 목욕은 어땠어요?

지훈 : 정말 기분이 좋았어요.

지훈 : 때도 밀었어요.

소라 : 네? 그랬어요?

지훈 : 다른 사람들한테 한국의 때 미는 법을 가르쳐줬어요.

소라 : 하하하! 바빴겠네요. 여탕은 아주 조용했어요.

지훈 : 남탕은 사람들이 붐볐어요.

ポイント p.36~37

げんきでした	げんきじゃありませんでした
有名(ゆうめい)でした	有名じゃありませんでした
まじめでした	まじめじゃありませんでした
しんせんでした	しんせんじゃありませんでした
すきでした	すきじゃありませんでした
やすみでした	やすみじゃありませんでした
子(こ)どもでした	子どもじゃありませんでした

a. げんきでしたか。

b. あめでした。

c. ひまでした。

練習問題 p.38

1. ① あめでした   •————————• a
   ② にくがきらいでした   •   • b
   ③ げんきでした   •   • c
   ④ えが上手(じょうず)でした •————————• d

2. ① しずかでした
   ② ありませんでした(なかったです) / ふべんでした
   ③ 下手(へた)でした
   ④ 有名(ゆうめい)じゃありませんでした
   ⑤ 小学生(しょうがくせい)でした

聞き取り p.39

① a   ② b   ③ a   ④ b   ⑤ b   ⑥ a

> **Script**
>
> ① 男：りょうりはどうでしたか。
> 　女：すしがとてもしんせんでした。
> ② 女：みんなしんせつでしたか。
> 　男：はい。しんせつでした。
> ③ 男：地下鉄(ちかてつ)はきれいでしたか。
> 　女：はい。きれいでしたよ。
> ④ 女：バスはどうでしたか。
> 　男：バスはとてもべんりでした。
> ⑤ 男：天気はよかったですか。
> 　女：はい。ずっとはれでした。
> ⑥ 女：みんな英語(えいご)が上手(じょうず)でしたか。
> 　男：いいえ。あまり上手(じょうず)じゃありませんでした。

やってみよう p.40

すしがしんせんでした。

くうこうがきれいでした。

バスがべんりでした。

みちがふくざつでした。

おおさかじょうは大(おお)きかったです。

おこのみやきがおいしかったです。

てんいんは英語(えいご)が上手(じょうず)じゃありませんでした。

アメリカむらはにぎやかでした。

わさびはきらいでした。

みんなしんせつでした。

おおさかべんはむずかしかったです。

食事(しょくじ)のちゅうもんがかんたんでした。

ずっとはれでした。

たこやきが有名(ゆうめい)でした。

インターネットがふべんでした。

つうてんかくは高(たか)かったです。

友(とも)だちは日本語(にほんご)が上手(じょうず)でした。

水(すい)ぞくかんはしずかでした。

乗(の)りかえがたいへんでした。

デパートはひろかったです。

05 몇 살이에요?   p.42

지훈 : 소라 씨는 몇 살이에요?

소라 : 열 네 살입니다. 올해 중학교 2학년이에요.

지훈 : 그럼 소라 씨는 한국 나이는 열 다섯 살이네요. 나는 열 여덟 살이에요. 한국은 일본보다 한 살 많아요.

소라 : 그럼 생일은 언제예요?

지훈 : 5월 5일이에요. 사실은 오늘이에요.

소라 : 네? 생일 축하해요.

ポイント p.45

① たん生日(じょうび) / 年(とし) / しごと

② くがつじゅうくにち / にじゅういっさい / 3年生(さんねんせい)

練習問題 p.46

1.

① やまもりまき

たん生日(じょうび)は、にがつむいかです。

年(とし)は、じゅうごさいです。

中学(ちゅうがく)3年生(さんねんせい)です。

② イ・ジュンギ

たん生日(じょうび)は、しがつみっかです。

年(とし)は、じゅういっさいです。

小学(しょうがく)5年生(ごねんせい)です。

2.

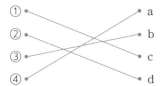

聞き取り p.47

1.

1.

① ひろこさんはおいくつですか。

② そらさんは何年生(なんねんせい)ですか。

③ 今日(きょう)は何月(なんがつ)何日(なんにち)ですか。

2. ① d ② a ③ c ④ b

① ははは、45さいです。しゅふです。

② おとうとは、7さいです。小学(しょうがく)1年生(いちねんせい)です。

③ ちちは、48さいです。いしゃです。

④ あねは、17さいです。高校(こうこう)2年生(にねんせい)です。

06 서점에 안 갈래요?　p.52

소라 : 지훈 씨, 책 좋아하죠?

지훈 : 네. 제 취미가 책 읽는 거예요.

소라 : 오늘은 지훈 씨 생일이잖아요. 그래서 책을 선물하고 싶어요. 같이 서점에 안 갈래요?

지훈 : 고마워요. 그럼 내가 점심 살게요.

소라 : 정말요? 그럼 서점 근처에 있는 오코노미야키 가게에서 먹을래요?

지훈 : 그렇게 해요. 그럼 갈까요?

ポイント p.54~55

1. ① 見(み)ませんか。見(み)ましょうか。
　　　　見(み)ましょう。

　② あそびに来(き)ませんか。行(い)きましょうか。
　　　　食(た)べましょう。

2. ① ピアノをひくことです。

　② えをかくことです。

　③ うたをうたうことです。

　④ プールでおよぐことです。

　⑤ ゲームをすることです。

練習問題 p.56

1. ① 行(い)きましょうか。
   ② しましょうか。
   ③ しませんか。
   ④ あいましょう。

2. ① えをかくことです。
   ② りょうりをつくることです。
   ③ ギターをひくことです。

聞き取り p.57

1.

①	②	③	④
✗	○	✗	○

Script
---

① わたしのしゅみはピアノをひくことです。
② わたしのしゅみはプールでおよぐことです。
③ わたしのしゅみはりょうりをつくることです。
④ わたしのしゅみはテレビでやきゅうを見(み)ることです。

2.
① b ② b ③ a ④ c

Script

男：そらさん、きょう、いっしょにかいものに行(い)きませんか。
女：すみません。きょうはちょっと…。やくそくがあります。
男：じゃあ、明日(あした)はどうですか。
女：だいじょうぶです。明日(あした)行(い)きましょう。何時(なんじ)にしましょうか。
男：明日(あした)の11時(じ)はどうですか。
女：そうしましょう。じゃあ、どこに行(い)きましょうか。
男：デパートに行(い)きませんか。
女：いいですね。

07 좋아하는 음식은 뭐예요? p.60

점원 : 어서 오세요. 몇 분이세요?
아빠 : 다섯 명입니다.
점원 : 이쪽으로 오세요.
소라 : 뭐로 할래요? 지훈 씨 좋아하는 음식은 뭐예요?
지훈 : 매운 것을 좋아해요.
소라 : 해산물 카레는 어때요? 맵고 맛있어요.
지훈 : 좋아요.

ポイント p.62~63

1. あまいジュース   いいところ
   おもいかばん   しんせつなひと
   きれいな国(くに)   にぎやかなまち

2. やすくて、おいしいです。
   有名(ゆうめい)で、きれいです
   まじめで、しんせつです。
   かんたんで、べんりです。

練習問題 p.64

1. ① かっこよくて、あたまがいい人(ひと)です。
   ② おもしろくて、有名(ゆうめい)な本(ほん)です。

2. ① 1人(ひとり)
   ② 5人(ごにん)
   ③ 2人(ふたり)

聞き取り p.65

1. ① a ② b ③ b ④ b

Script
---

① そらさんの家(いえ)は、おおきくて、ひろいです。

② わたしのいもうとはせがたかくて、かみがなが
　いです。

③ わたしのけいたいはふるくて、ちいさいです。

④ わたしのかぞくは3人(さんにん)です。

2. ① c　② c

Script

そら：キムさんのかぞくは何人(なんにん)ですか。

キム：ちち、はは、あね、わたしの4人(よにん)で
　　　す。

そら：おねえさんはどんな人(ひと)ですか。

キム：あねは、やさしくて、りょうりが上手(じょう
　　　ず)です。

08 한국 사람이니까요. p.68

소라아빠 : 여기요.

점원 　　: 주문은 정하셨습니까?

소라아빠 : 카레 매운맛 하나, 참치덮밥 하나, 햄버거 스
　　　　　테이크세트 세 개 부탁합니다. 그리고, 식사
　　　　　후, 케이크도 부탁합니다.

점원 　　: 알겠습니다. 잠시만 기다려 주십시오.

소라 　　: 지훈 씨는 매운 것을 좋아하네요.

지훈 　　: 한국 사람이니까요.

ポイント p.70

① 週(しゅう)まつはかいしゃに行(い)きますから、
　いそがしいです。

② 学生(がくせい)ですから、べんきょうをします。

③ バスはべんりですから、よく乗(の)ります。

④ さむいですから、コートをきます。

練習問題 p.72

1. ① うたが上手(じょうず)ですから。

② おいしいですから。

③ やくそくがありますから。

2.
①

　ⓐ 1　　　　ⓑ 2

②

　ⓐ 2　　　　ⓑ 1

聞き取り p.73

1.

① → c
② → d
③ → a
④ → b

Script

① 男：あさごはんを食(た)べましたか。

　女：ねぼうしましたから、食(た)べませんでした。

② 男：どうして休(やす)みましたか。

　女：かぜをひきましたから、家(いえ)でねました。

③ 男：いそがしいですか。

　女：じゅぎょうがありませんから、ひまです。

④ 男：どうしてべんきょうしますか。

　女：明日(あした)テストですから、べんきょうし
　　　ます。

1. ① おざきさん ── b

② キムさん ── d

Script

女：水(すい)よう日(び)は、おざきさんのたん生日(じょうび)ですよね。 何(なに)をしますか。

男：じゅぎょうの後(あと)で、かぞくとレストランでしょくじをします。

女：いいですね。

男：キムさんも来週(らいしゅう)、たん生日(じょうび)ですね。 何(なに)をしますか。

女：わたしは友(とも)だちとゆうえんちに行(い)きます。

やってみよう p.74

① はい。友(とも)だちがいますから、たのしいです。

いいえ。べんきょうがたいへんですから、たのしくありません。

② はい。べんりですから、よく乗(の)ります。

いいえ。お金(かね)がありませんから、あまり乗(の)りません。

③ はい。たのしいですから、すきです。

いいえ。スポーツがにがてですから、すきじゃありません。

④ はい。やすいですから、よく食(た)べに行(い)きます。

いいえ。おいしくありませんから、あまり食(た)べに行(い)きません。

⑤ はい。おなかがすきますから、いつも食(た)べます。

いいえ。時間(じかん)がありませんから、食(た)べません。

09 사진을 찍고 있어요. p.76

소라：여보세요. 지훈 씨, 소라예요. 어디에 있어요?

지훈：지금 역 사진을 찍고 있어요. 소라 씨는?

소라：역 안에 벤치에 앉아 있어요. 3번출구 근처에 있어요.

지훈：그럼, 내가 그쪽으로 갈까요?

소라：네. 그럼 기다리고 있을게요.

지훈：그럼 이따 봐요!

ポイント p.78

① 本(ほん)を読(よ)んでいます。

② あるいています。

③ シャワーをしています。

練習問題 p.80

① うたをうたっています。

② べんきょうをしています。

③ はしっています。

④ テレビを見(み)ています。

⑤ おふろに入(はい)っています。

⑥ おんがくをきいています。

⑦ しゃしんをとっています。

⑧ かいものをしています。

聞き取り p.81

1.

| イさん | c |
| まつおさん | b |

Script

男：イさん、今(いま)何(なに)をしていますか。

女：今(いま)、家(いえ)でテレビをみています。 まつおさんは何(なに)をしていますか。

男：今(いま)、えきで友(とも)だちをまっています。

2. ① b ② f ③ e ④ a

스크립트와 정답

Script

男 : もしもし、アンさん。まえだです。

女 : あ、まえださん。こんにちは。

男 : アンさん、今(いま)、何(なに)をしていますか。

女 : デパートでかいものをしています。まえださんは?

男 : 家(いえ)でえをかいています。今日(きょう)のよる、しょくじに行(い)きませんか。

女 : すみません。今日(きょう)はちょっと…。来週(らいしゅう)はどうですか。

男 : いいですよ。じゃあ、またでんわします。

女 : すみません。じゃあ、しつれいします。

やってみよう p.82

① ねています。

② うみでおよいでいます。

③ シャワーをしています。

④ テレビを見(み)ています。

⑤ おふろに入(はい)っています。

⑥ えをかいています。

⑦ おちゃをのんでいます。

⑧ 手(て)をあらっています。

⑨ 友(とも)だちをまっています。

⑩ クッキーを作(つく)っています。

⑪ あさごはんを食(た)べています。

⑫ うんどうじょうをはしっています。

⑬ みちをあるいています。

⑭ 友(とも)だちと話(はな)しています。

⑮ 外(そと)であそんでいます。

10 일본어를 공부하고 있어요. p.84

지훈아빠: 반가워요. 지훈이 아버지입니다.

소라   : 처음 뵙겠습니다. 스즈키 소라입니다. 아버님이 일본어가 능숙하시네요.

지훈아빠: 저는 일본 회사와 일을 하고 있어서요.

소라   : 그러세요?

지훈아빠: 매일 아침 일본어를 공부하고 있어요.

소라   : 대단하시네요.

ポイント p.87

① やせています。

② ふとっています。

③ きものをきています。

④ おなかがすいています。

⑤ 車(くるま)をもっています。

⑥ 大学(だいがく)ではたらいています。

⑦ 毎日(まいにち)くすりをのんでいます。

練習問題 p.88

1. ① ふとっています。

   ② めがねをかけています。

   ③ 毎日(まいにち)はしっています。

   ④ やせています。

   ⑤ Tシャツをきています。

   ⑥ バッグをもっています。

2. ① すんでいます   ② かよっています

   ③ しっています   ④ 作(つく)っています

   ⑤ はたらいています

聞き取り p.89

1. ⓐ けっこんしています。 ⓑ 高校(こうこう)

   ⓒ テニス   ⓓ テニスをしています

   ⓔ サッカー   ⓕ 先生(せんせい)

Script

① わたしはわたなべいつこです。いしゃをしています。けっこんしています。

② わたしはアン・ヨンファンです。きた高校(こうこう)にかよっています。

③ わたしはかみじょうしほです。レストランではたらいています。しゅみはテニスです。毎(まい)しゅう日(にち)よう日(び)にテニスをしています。

④ わたしはチョ・カンヒです。小学(しょうがく)6年生(ねんせい)です。サッカーがとくいです。しょうらいは先生(せんせい)になりたいです。

2.

❶ おのさん ▸ d

❷ キムさん ▸ b

❸ まえださん ▸ a

❹ ジョンさん ▸ c

Script

① おのさんはせいふくをきています。

② キムさんはふとっています。

③ まえださんは、めがねをかけています。

④ ジョンさんは、おなかがすいています。

11 긴자선을 탄 다음 야마노테선으로 갈아타세요. p.92

소라 : 저기요. 하라주쿠에 가고 싶은데요, 어떻게 가요?

안내 : 여기서 긴자선을 탄 다음 시부야역에서 야마노테선으로 갈아타세요. 그리고 하라주쿠역에서 내리세요.

소라 : 알겠습니다. 감사합니다.

지훈 : 소라 씨, 하라주쿠에서 무엇을 할까요?

소라 : 크레페를 먹고 나서 카페에서 쉬다가, 팬케이크 가게에 가요.

지훈 : 아마 소라 씨 취미는 맛집 탐방이겠네요.

練習問題 p.96

1. ① 行(い)きたいんですが

② 乗(の)って / 乗(の)ってから

③ 乗(の)りかえてください

④ おりてください

2. ① シャワーをして

② ごはんを食(た)べて

③ はをみがいて

聞き取り p.97

1. ① b ② a ③ b

Script

A : すみません。Lマートに行(い)きたいんですが、どうやって行(い)けばいいですか。

B : ここから3ごうせんに乗(の)ってから、チュンムロ(충무로)駅(えき)で4ごうせんに乗(の)りかえてください。そして、ソウル駅(えき)でおりてください。

A : ありがとうございました。

2.

b → d → a → c

Script

女 : 朝(あさ)、うんどうをしてから、ごはんを食(た)べました。そして、本(ほん)を読(よ)んでから、買(か)いものに行(い)きました。

やってみよう p.98

①

Q : すみません。インサドン(인사동)に行(い)きたいんですが、どうやって行(い)けばいいですか。

A : 1(いち)ごうせんに乗(の)って、チョンガク(종각)駅(えき)でおりてください。

정답

②

Q : すみません。 ミョンドン(명동)に行(い)きたいん
　　ですが、 どうやって行(い)けばいいですか。

A : 4(よん)ごうせんにのって、 ミョンドン駅(えき)
　　でおりてください。

③

Q : すみません。 カロスキル(가로수 길)に行(い)きた
　　いんですが、 どうやって行(い)けばいいですか。

A : 4(よん)ごうせんにのってからチュンムロ(충무로)
　　駅(えき)で3(さん)ごうせんに乗(の)りかえてくだ
　　さい。 そして、 シンサ(신사)駅(えき)でおりてくだ
　　さい。

④

Q : すみません。 ナンデムン(남대문)に行(い)きたい
　　んですが、 どうやって行(い)けばいいですか。

A : 1(いち)ごうせんにのって、 シチョン(시청)駅(え
　　き)でおりてください。

⑤

Q : すみません。 チョンガク(종각)に行(い)きたいん
　　ですが、 どうやって行(い)けばいいですか。

A : 1(いち)ごうせんに乗(の)って、 チョンガク(종각)
　　駅(えき)でおりてください。

⑥

Q : すみません。 イテウォン(이태원)に行(い)きたい
　　んですが、 どうやって行(い)けばいいですか。

A : 4(よん)ごうせんに乗(の)ってから、 サムガクジ
　　(삼각지)駅(えき)で6(ろく)ごうせんにのりかえて
　　ください。 そして、 イテウォン(이태원)駅(えき)
　　でおりてください。

12 다시 만나자. p.100

지훈 : 소라 씨, 우리는 친구니까 지금부터 반말로 이야
　　　기하는 건 어때요?

소라 : 물론 좋지요. 아니, 좋아. 다음에는 내가 한국으
　　　로 갈게.

지훈 : 소라는 아직 한국에 온 적 없지?

소라 : 응. 아, 시간이 다 됐네.

지훈 : 정말 즐거웠어. 꼭 다시 만나자.

소라 : 조심해서 가! 다음에는 한국에서 봐!

ポイント p.102~103

のったことがあります

よんだことがあります

行(い)ったことがあります

見(み)たことがあります

食(た)べたことがあります

来(き)たことがあります

したことがあります

① アルバイトをしたことがあります。

② KTXにのったことがありません。

③ きものをきたことがあります。

④ 英語(えいご)で話(はな)したことがあります。

⑤ すもうを見(み)たことがありません。

⑥ ペットをかったことがありません。

練習問題 p.106

1. ① 書(か)いたことがあります。

　 ② のんだことがありません。

　 ③ 作(つく)ったことがあります。

2. ① おはよう

　 ② してる

　 ③ たいへん

　 ④ うん

　 ⑤ ありがとう

聞き取り p.107

1.

①	②	③	④
✗	○	✗	○

Script

①
A：日本(にほん)に行(い)ったことがありますか。
B：いいえ。行(い)ったことがありません。

②
A：すしを食(た)べたことがありますか。
B：はい。あります。

③
A：ねぼうしたことがありますか。
B：いいえ。ねぼうしたことがありません。

④
A：コンサートに行(い)ったことがありますか。
B：はい。行(い)ったことがあります。

2. ⓐ 何(なに)してる
　　 ⓑ 読(よ)んでる
　　 ⓒ おもしろくない
　　 ⓓ まって

Script

そら　　：おはよう。おきた？
しゅん　：うん。おはよう。
そら　　：今(いま)、何(なに)してる？
しゅん　：テレビを見(み)てるよ。そらは？
そら　　：マンガを読(よ)んでる。テレビ、おもしろい？
しゅん　：ううん。あまりおもしろくない。
そら　　：あ、ちょっと まって。お母(かあ)さんが来(き)た。

종합문제 정답 p.110

1. ① c　② d　③ b　④ a

2. ① ごこ(いつつ)
　 ② にこ(ふたつ)
　 ③ いっこ(ひとつ)
　 ④ さんこ(みっつ)

3. ① しちじじゅうごふん
　 ② さんじじゅっぷん
　 ③ ごじよんじゅっぷん
　 ④ くじさんじゅっぷん

4. ① 5時(ごじ)に家(いえ)をでました。
　 ② 昨日(きのう)としょかんに行(い)きました。
　 ③ ミナさんに会(あ)いませんでした。
　 ④ よるインターネットをしました。
　 ⑤ 今週(こんしゅう)、本(ほん)を読(よ)みました。

5. ① べんきょうがむずかしかったです。
　 ② 人(ひと)がおおかったです。
　 ③ たのしかったです。
　 ④ おいしくありませんでした。

6. ① 上手(じょうず)でした　—— ⓐ
　 ② きらいでした　—— ⓑ
　 ③ あめでした　—— ⓒ

7. ① d　② a　③ b　④ c

8. ① じゅうがつじゅうごにち
　 ② しがつにじゅうよっか
　 ③ しちがつついたち
　 ④ くがつじゅうくにち

스크립트와 정답

9. ① 行(い)きましょうか。
   ② しましょうか。
   ③ しませんか。
   ④ 会(あ)いましょう。

10. ① a
    ② b

11. ① 高(たか)くてきれいな山(やま)
    ② かっこよくてせが高(たか)い人(ひと)
    ③ きれいであたまがいい人(ひと)
    ④ サービスがよくておいしい店(みせ)

12. ① おいしいですから。
    ② うたがじょうずですから。
    ③ じゅぎょうがありませんから(ないですから)。
    ④ 明日(あした)、テストですから。

13. ① a
    ② b

14. ① うたっています
    ② テレビを見(み)ています
    ③ シャワーをしています
    ④ かおをあらっています
    ⑤ しゃしんをとっています
    ⑥ 本(ほん)を読(よ)んでいます
    ⑦ りょうりをしています
    ⑧ およいでいます(すいえいをしています)

15. ① やせています
    ② Tシャツをきています
    ③ バッグをもっています
    ④ ソウルにすんでいます
    ⑤ デパートではたらいています

16. ① 行(い)きたいんですが、
    ② のってから
    ③ のりかえてください
    ④ おりてください

17. ① KTXにのったことがあります。
    ② おかしを作(つく)ったことがありません。
    ③ 英語(えいご)で話(はな)したことがあります。
    ④ きものをきたことがあります。
    ⑤ すもうを見(み)たことがありません。

18. ① おはよう
    ② おもしろい
    ③ ありがとう
    ④ うん
    ⑤ べんきょうしてる

01

본문

·ぼく	나/ 저(남자)
·あそぶ	놀다
·本当ほんとう	진짜
·とまる	묵다
·おみやげ	선물
·アイドル	아이돌
·カレンダー	달력
·やった	아싸, 우와
·ふたつ	두 개
·おねがいします	부탁합니다

포인트

·カフェ	카페
·おちゃ	차
·いくつ	몇 개
·プレゼント	선물
·ぼうし	모자
·リボン	리본
·ほし	별

연습문제

·カレー	카레(카레라이스)
·ふく	옷
·えいがをみる	영화를 보다
·たまねぎ	양파
·じゃがいも	감자
·トマト	토마토
·りんご	사과
·すいか	수박
·みかん	밀감
·ドーナツ	도넛

듣기문제

·バッグ	백, 가방

얏테미요

·こうえん	공원
·スーパー	슈퍼마켓

02

본문

·(お)ひさしぶりです	오랜만입니다
·みなさん	여러분
·(お)げんきでしたか	잘 지내셨어요?
·もちろん	물론
·出でる	나오다/나가다

포인트

·去年きょねん	작년
·今年ことし	올해
·来年らいねん	내년
·先月せんげつ	저번 달
·今月こんげつ	이번 달
·来月らいげつ	다음 달
·先週せんしゅう	저번 주
·今週こんしゅう	이번 주
·来週らいしゅう	다음 주
·スマートフォン	스마트폰
·ゲーム	게임
·でも	하지만

연습문제

·きょうしつ	교실
·そうじ	청소
·うんどう	운동
·パソコン	컴퓨터(PC)
·インターネット	인터넷

어휘정리

얏테미요

·じゅく	학원
·ともだちに 会あう	친구를 만나다
·かいものに 行いく	쇼핑하러 가다

03

본문

·ずっと	계속, 줄곧
·おこのみやき	오코노미야키
·とても	매우
·ほかには	그밖에는
·それから	그리고
·せんとう	목욕탕
·きもち(が)いい	기분이 좋다

포인트

·あか / あかい	빨강 / 빨갛다
·あお / あおい	파랑 / 파랗다
·きいろ / きいろい	노랑 / 노랗다
·ちゃいろ / ちゃいろい	갈색 / 갈색이다
·しろ / しろい	하양 / 하얗다
·くろ / くろい	검정 / 까맣다
·みどり	녹색
·むらさき	보라
·ピンク	분홍
·オレンジ	오렌지, 주황
·きんいろ	금색
·ぎんいろ	은색
·からい	맵다
·あまい	달다
·こくご	국어
·きゅうしょく	급식

연습문제

·あしが はやい	달리기가 빠르다
·あしが おそい	달리기가 느리다
·せいせきが いい	성적이 좋다
·へや	방

듣기문제

·かみ(髪)	머리카락
·せが 高たかい	키가 크다
·いちばん	제일, 가장

04

본문

·本当ほんとうに	정말로
·あかすりを する	때를 밀다
·そうでしたか	그랬습니까
·あかすり	때밀이
·おしえる	가르치다
·おんなゆ	여탕
·おとこゆ	남탕

포인트

·しんせんだ	신선하다
·もしもし	여보세요
·てんき	날씨
·はれ	맑음
·あめ	비
·ひまだ	한가하다

연습문제

·にく	고기
·え	그림
·だから	그래서, 그러니까
·中学生ちゅうがくせい	중학생

·日ひにち	날짜	·まぐろどん	참치덮밥
·時間じかん	시간	·ハンバーグ	햄버거 스테이크
·ばしょ	장소	·セット	세트
·かいものリスト	쇼핑 목록	·かしこまりました	알겠습니다(주로 손님에게)
		·しょうしょうおまちください	잠시만 기다려주십시오

본문

·いらっしゃいませ	어서 오세요
·何名なんめいさま	몇 분
·～人にん	~사람
·～名めい	~명
·こちら	이쪽, 여기
·食たべもの	음식
·～にする	~로 하다(메뉴를 정할 때)
·シーフードカレー	해물 카레

포인트

·ところ	곳, 장소
·国くに	나라
·まち	도시, 마을
·かの女じょ	그녀
·どんな	어떤
·人ひと	사람
·サービス	서비스

연습문제

·山やま	산
·あたまが いい	머리가 좋다
·きょうだい	형제

08

본문

·ちゅうもん	주문
·おきまりですか	정하셨습니까?
·からくち	매운맛

포인트

·週しゅうまつ	주말
·かいしゃ	회사
·コート	코트
·トイレ	화장실
·ゆうえんち	놀이공원
·サラダ	샐러드

연습문제

·べんとう	도시락

듣기문제

·かぜを ひく	감기에 걸리다
·ねぼうする	늦잠을 자다

얏테미요

·タクシー	택시
·スポーツ	스포츠, 운동
·ファストフード	패스트 푸드
·にがてだ	서투르다
·お金かね	돈

09

본문

·もしもし	여보세요		
·しゃしんをとる	사진을 찍다		
·ベンチ	벤치		
·～ばん	~번		
·出口でぐち	출구	入口いりぐち	

·ちかく	근처
·そっち	그쪽
·まつ	기다리다
·あとで	이따가, 나중에 (봐요)

포인트

·しつれいします	실례하겠습니다(전화를 끊을 때)

연습문제

·はしる	달리다
·おふろに 入^{はい}る	목욕을 하다

얏테미요

·手^て	손
·あらう	씻다
·うんどうじょう	운동장
·みち	길
·外^{そと}で あそぶ	밖에서 놀다

10

본문

·お上手^{じょうず}ですね	능숙하시네요
·しごと	일
·毎^{まい}あさ	매일 아침
·すごいですね	대단하시네요

포인트

·すむ	살다
·かよう	다니다
·かもく	과목
·びじゅつ	미술
·英語^{えいご}	영어
·けっこんする	결혼하다
·とくいだ	잘하다
·めがねを かける	안경을 쓰다

·やせる	살이 빠지다
·ふとる	살찌다
·きもの	기모노※일본의 전통 의상
·おなかが すく	배가 고프다
·車^{くるま}	자동차
·もつ	가지다
·はたらく	일하다
·くすりを のむ	약을 먹다

연습문제

·パティシエ	파티쉐(제과류를 만드는 직업)
·毎週^{まいしゅう}	매주

듣기문제

·せいふく	교복

얏테미요

·しょうらい	장래
·ゆめ	꿈

11

본문

·ぎんざせん	긴자선(노선 이름)
·山手^{やまのて}せん	야마노테선
·乗^のりかえる	갈아타다
·クレープ	크레페
·おりる	내리다
·パンケーキ	팬케이크
·わかりました	알겠습니다
·たぶん	아마
·食^たべあるき	맛집 탐방

포인트

·~ごうせん(号線)	~호선

어휘

어휘정리

연습문제

· いちば	시장
· 山^{やま}に のぼる	등산하다
· はを みがく	이를 닦다
· バドミントン	배드민턴

듣기문제

· 何^{なん}ごうせん	몇 호선

12

본문

· ぼくたち	우리들
· ためロ^{ぐち}	반말
· もう	이미, 벌써
· もう 時間^{じかん}です	시간이 다 됐습니다
· かならず	반드시, 꼭
· 気^きをつけて	조심해서 잘 가요(인사말)

포인트

· アルバイト	아르바이트
· すもう	스모(일본의 씨름)
· ペット	애완 동물
· かう	기르다

연습문제

· インターネットショッピング	인터넷 쇼핑
· メール	메일
· おさけ	술

듣기문제

· コンサート	콘서트

얏테미요

· 外国^{がいこく}	외국

· タイ	태국
· タイトル	타이틀
· 日本食^{にほんしょく}	일식

138   New 쑥쑥 주니어 일본어 점프

저자소개

조강희 [趙堈熙]
부산대학교 일어일문학과 졸업
岡山大学(오카야마대학교) 문학연구과 석사과정(석사)
広島大学(히로시마대학교) 교육학연구과 박사과정(박사)
現 부산대학교 일어일문학과 교수
공저 『이거 일본어로 뭐지?』 제이플러스

가와노 나츠코 [河野奈津子]
宮崎大学(미야자키대학교) 교육학부
초등학교 교원양성과정 국어전공 졸업
부산대학교 일어일문학과 석사과정(석사)
前 부산외국어대학교 커뮤니케이션일본어학부 조교수
現 부산과학기술대학교 관광일어통역과 강사
공저 『이거 일본어로 뭐지?』 제이플러스

쑥쑥 주니어 일본어 점프

개정판	2024년 4월 15일
저자	조강희, 가와노 나츠코(河野奈津子)
발행인	이기선
발행처	제이플러스
주소	서울시 마포구 월드컵로 31길 62
전화	(02) 332-8320
팩스	(02) 332-8321
등록번호	제 10-1680호
등록일자	1998년 12월 9일
홈페이지	www.jplus114.com
ISBN	979-11-5601-251-1(03730)

MEMO

MEMO

MEMO

MEMO

MEMO